读出思考力

用阅读开启孩子的高阶思维

少儿阅读力提升丛书

高莉 著

中国纺织出版社有限公司

图书在版编目（CIP）数据

读出思考力：用阅读开启孩子的高阶思维／高莉著.——北京：中国纺织出版社有限公司，2023.11
ISBN 978-7-5229-1072-7

Ⅰ.①读… Ⅱ.①高… Ⅲ.①读书方法—儿童读物 Ⅳ.①G792-49

中国国家版本馆CIP数据核字（2023）第190854号

责任编辑：李凤琴　　责任校对：高　涵　　责任印制：储志伟

中国纺织出版社有限公司出版发行
地址：北京市朝阳区百子湾东里A407号楼　邮政编码：100124
销售电话：010—67004422　传真：010—87155801
http://www.c-textilep.com
中国纺织出版社天猫旗舰店
官方微博 http://weibo.com/2119887771
北京华联印刷有限公司印刷　各地新华书店经销
2023年11月第1版第1次印刷
开本：710×1000　1/16　印张：14
字数：187千字　定价：59.80元

凡购本书，如有缺页、倒页、脱页，由本社图书营销中心调换

自序

阅读是我的第二所大学

作为一个前媒体人,我人生的前三十年,从没想过自己会进入儿童读写研究这样一个领域。

我为什么会被吸引到这个领域来,这件事是令我找到了自己的统一,还是自我的瓦解?毕竟,在我从小到大所树立的所有理想中,从来不包括老师。

后来我才明白,埋伏在命运中的草蛇灰线,最终会串成一条完整的线索,冥冥中引领着我们走上一条必然之路,推动情节走向的一定是一个人的同一性——每个人都是一个故事。

虽然读写老师看似和媒体人、作者等这些身份不能直接画上等号,但是要掌握其中的精要,习得这一项新的技能,所倚靠的学习能力,依然是背后的读写能力。

从媒体人转型为读写教练,我不相信什么起跑线,但在我自己身上,我可以磕磕绊绊地尝试任何新事物,都源于能够在阅读中学习的这项底层能力。徐冬梅老师说,阅读是她的第二所大学。对于我来说,也是。

我想对于任何一个想要终身学习的人,通过阅读去学习都是性价比最高又最没有"沉没成本"的事。

我通过阅读系统掌握了这个领域所有的新成果、新理念、新策略、新方法,并通过写作整合出自己的工作坊思路和体系。一边读,大量地进行主题式的、分析式的阅读,一边认真地"写",写工作坊每个流程的设计,写自己的每一次进步和反思,写孩子们的"珍珠时刻",最终写出了这本书。

回望十年前离开杂志社那个有些迷茫无助的身影，我想告诉自己：嗨，不要担心，用好你的读写能力，它将是你的"黑箱能力"，它会再一次带你起飞。

"黑箱能力"的说法，来自"黑箱理论"。意思是说，世间万事万物都不是孤立存在的，任何事物都是相互联系、相互作用的，所以即便不知道黑箱里面是什么，也可以通过黑箱的输出和输入来理解其工作的机制，以及如何运用到实际场景中。

比如我在杂志社一直从事编辑工作，对于教授读写，我并不了解其中的复杂理论和机制，但是通过输入和输出，我也可以总结出其中的规律。

而输入和输出，不就是阅读和写作吗？

据说在未来，一个人一生将更换7~10次工作。如果这些工作跨度很大，对一个人的学习能力要求也就更高。我们通过什么渠道学习呢？书籍就是最好的老师。任何领域最顶尖的思想、方法一定都会记录下来，成为文字。所以，阅读本身就是最便捷又最深刻的学习管道。

而信息化时代，写作已经不仅仅是指写作文，我们无时无刻不在输出。无论是微博、微信、短视频，还是直播、演讲，从生活到职场，表达已然是这个时代每个人都要具备的能力。无论是口语表达，还是书面表达，背后都需要知识、见解、逻辑、思辨。阅读和写作早已不只是孤立的考试技能和语言技能。

时代日新月异，纵观全世界的母语教育，发展靠前的国家，基本上早已将"阅读"和"写作"调整为了"读写素养"，而2022年新颁布的《义务教育方案和课程标准》中，对语文素养也提出了新的要求，包括"语言的建构和运用""思维的发展和提升""审美的鉴赏和创造"以及"文化的理解和传承"。核心素养成为我们学习语文的重中之重。

以孩子终身读写素养的形成为目标，工作坊是我目前看到的最好的形式。因为工作坊的模式就是师傅带徒弟。在工作坊，我是和孩子们一样的阅读者和写作者，我传授一切阅读和写作的技能、策略，亲自示范，细致反馈，在这样的长期浸润和实践下，让孩子们逐渐获取能够带得走的终身读写能力。

阅读理解是什么，在我看来，可能就是我们理解自我、理解世界、理解他人的能力，我们通过文本在逐渐建立这种能力。

写作能力是什么，在我看来，可能就是我们解释自我、解释世界、解释一切的方式，我们通过输出文字来构建我们自身。

无论孩子们未来从事任何一种职业，这项能力都会为他们的工作带来不可估量的助力。

所有的能力，都不是自然而然生成的，都需要系统地规划、训练。阅读和写作也是技能，不是知识的叠加，不是把孩子推进无休止的知识、概念中，在无休止的刷题和套路式的学习中，孩子更是不可能拥有灵活的思维能力。那种在课堂上吸收好、效率高的孩子，都是高参与度的孩子。这种参与度，不是体现在被动接受知识上，而是主动思考、探索，也就是说，学习的参与度，基本上决定了一个孩子能否学有所成。

在孩子小的时候，究竟什么样的教育会影响他的一生？到底打下什么样的思维模型，才会让他在不如意十之八九的人生中，可以在一条路走不通的时候，愿意去尝试，而不让生命虚掷。我能想到的，还是阅读。美国一个读写项目的教师说，如果孩子们都有机会投入一种与众不同的读书项目，那种可以塑造人读写生活的项目该是多棒的事。当读写素养成为一个人必然的能力之底色、精神之底色，那么，我们又有什么理由不去做呢？

好的读写教育应该长什么样子呢？我得出的简单结论是：

其一，好的读写教育是以培养终身阅读者为终极目标的。所谓"以终为始"，以这个目标逆向思考的话，好的读写教育就是不以眼前的功利培养牺牲长远的能力培养。

其二，好的读写教育不是传统的灌输知识，更不是老师的一言堂，而是老师调整教学以满足孩子的需求，启发孩子的智慧。

其三，好的读写教育是让孩子们感受阅读的目的、愉悦感以及自主性，给予孩子时间和空间，让他们以放松的姿态逐渐展现学习的效果。

读写教育是一项浩大的工程，作为一个学习者和研究者，无论我自诩是一个再资深的文字工作者，在孩子们面前，我也丝毫不敢放松学习，因为我面对的是一个个即将融入世界的公民。而读写教育，关系着他们是否能用表达、聆听、交谈、书写建构一个更美好的世界和更深刻的自我。

高莉

2023年7月21日

目录

第一章 培养孩子的读写素养，需要避开这些"坑" / 001

- 002 阅读需要系统的学习
- 007 阅读量不等于阅读力
- 013 阅读塑造大脑，也可以塑造人生
- 018 别只用考试成绩来衡量孩子的阅读能力
- 023 让孩子在"心流"中阅读，培养兴趣才不难
- 028 了解孩子的阅读阶段很重要
- 033 阅读不挑食，尽早让孩子开始阅读知识读物

第二章 从阅读到理解，培养孩子的"解码"能力 / 039

- 040 会阅读的孩子，大脑应该有个"百宝箱"
- 045 如何判断孩子读懂了？让他在头脑里放一场"小电影"
- 051 读不懂时怎么办？让孩子学会边读边提问
- 058 怎样越读越聪明，让孩子做一名"书籍小侦探"
- 065 善于在阅读中思考的孩子，也善于倾听内心的声音
- 072 筛选重要信息，是孩子读懂"中心思想"的关键
- 078 理解力强的孩子，赢在善于利用"背景知识"

第三章　从阅读到思考，
涵养孩子的思考能力 / 085

086　别让"中心思想"禁锢了孩子，这只是思考的开始
091　让孩子爱上思考，从"说来听听"开始
096　孩子是天生的评论家，锻炼孩子的评论家体质
102　让孩子学会思考，需要父母成为孩子的"思考同伴"
107　深入思考三步骤，让孩子成为"思考型读者"
114　给孩子七副思辨眼镜，深入阅读不再难
118　"自我意见建立法"，孩子学得会的哈佛思考课

第四章　从阅读到写作，
在阅读中汲取写作营养 / 123

124　破译作家的写作密码，让阅读为写作加分
128　做阅读中的"建筑师"，破译结构的密码
135　做阅读中的"小演员"，站在角色的角度阅读
141　做阅读中的"美食家"，咀嚼细节的力量
147　做阅读中的"哲学家"，体会作者的观点
153　做阅读中的"辩论家"，可以和作者"吵吵架"

第五章　从会读到会写，
让孩子自然而然爱上写作 / 157

158　读了很多书，依然不会写
163　让孩子爱上写作，先从爱上生活开始

169　孩子写作没思路？先从"模仿"开始

176　写作语感怎么练？古诗词来帮忙

180　学不会写作技巧怎么办？那就让它靠边站

184　孩子缺乏想象力？想象力并非与生俱来

191　从写作到创作，不要忽视自由写作的力量

第六章　做孩子的读写教练，
　　为未来保驾护航 / 197

198　创设读写环境，做一个有协助能力的大人

205　屏幕时代，这样培养孩子的读写兴趣

209　做孩子的读写教练，必须牢记的"四大心法"

第一章

培养孩子的读写素养，需要避开这些"坑"

阅读需要系统的学习

阅读需要学习吗？

很多家长对此抱有疑问。毕竟，在我们小时候，阅读并不拥有现在的"权重"，课外书一律被视为闲书，学好课本知识才是王道。这种学习经验，到现在依旧像基因一样，刻在许多家长的认知里。

幼时有过良好阅读经验的家长，大部分也不是通过"学习"阅读来习得阅读经验的，一部分靠家庭环境能够提供的"阅读资源"，一部分靠同伴之间彼此分享，几乎都是"野蛮生长"。

即便我与文字打交道数十年，但回顾阅读历程，也很难梳理出一条清晰的阅读成长路径，似乎一路都是靠零星天赋和跌跌撞撞地试错。通过创造经验来学习，虽然也是一条不错的成长方式，但是不得不说，时间成本太高了。

在进入儿童读写领域之后，我才逐渐看到许多清晰的科学的系统的读写路径。我时常感叹，如果在我小时候能够接受这样的读写教育，再加上先天的敏感和热爱，我应该能够少走许多弯路。就像这世界已经有了电灯，你却不知道，依然在黑暗中摸索。但是一点光，就可以加快你通往目标的进程。

阅读也是如此。

如果我们从小让孩子习得了正确、科学的阅读方法、阅读策略，就仿佛在阅读之路上，为孩子投进了光束，让他们一路绝尘，全然地享受阅读的乐趣和振奋。

但囿于自身的经验，在学习知识和阅读之间，显然还是竖立着一道屏障。阅读并不是学习，只是扩展知识面，阅读是浪费时间，阅读对学习成绩并没有帮助……当我接触的家长越多，才发现原来对阅读的"误解"是如此之深。

为了阐述清楚，阅读究竟是否需要学习，我觉得还是有必要解释一下，什么是阅读理解。

一直被误读的"阅读理解"

不忙着回答这个问题，放下交出正确答案的心，看看自己的潜意识里，对"阅读理解"的第一反应是什么呢？

是不是能读懂文义、能概括文本大意、能对句子的修辞做出正确的判断、能总结归纳文本的中心思想、能做对试卷上的每一道阅读题？如果是的话，就只能证明，我们被传统的阅读理解测试"荼毒"不浅。我们大多数人似乎被局限在以应试为目标的"阅读理解"里了。

我们只是"知道"而已，并非"理解"。

我们知道许多数学公式，但是并不理解其背后的含义和本质，我们背了许多课文和答题方法，但并不知道学习课文到底是为了要学习什么，答题方法背后要考的究竟是什么能力。

关于"知道"和"理解"的区别，下面这个表格做了详细的对比，对我们或许可以有一些启发。

知道	理解
● 事实	● 事实的意义
● 大量相关事实	● 提供事实关联和意义的理论
● 可证实的主张	● 不可靠的、形成中的理论
● 对或错	● 有关程度或复杂性
● 知道一些正确的事	● 我理解为什么它是知识，什么使它成为知识
● 根据所知回应提示	● 我能够判断何时使用以及何时不使用我所知的知识

从这个对比中可以看出，知道是浅显的、表面的，是直接使用结果。而理解是一个形成的过程，是遵循了"探究—方法—结果"这样一个思维过程。约翰·杜威在《我们如何思维》中认为"理解是学习者探求事实意

义的结果"。

而大部分孩子所接受的教育方式依然是"灌输型",是让孩子直接抵达结果,并去检验他们是否知道了这个结果。就如同在标准化测试中,孩子们都知道什么是排比、拟人、比喻,但是他们却不知道为什么会有这些修辞,为什么要绞尽脑汁地使用修辞,为什么修辞会让文章变得更美妙,怎样能够写出更加高级的修辞。我们的题目中,只是让孩子去赏析作者运用了什么修辞手法,这种修辞手法在文中的作用,孩子只是知道而已。

而在整个义务教育阶段,只聚焦于课文的话,孩子们或许知道了很多作家、很多问题、很多文学知识、很多描写手法,但是对于怎样通过阅读构建多元的知识体系,怎样在阅读中学习,怎样通过阅读认识自己、认识他人、认识世界,怎样在阅读中逐渐构建自己的价值观,怎样通过阅读整理自己的精神世界一知半解。这些阅读真正能够带给人类的卓越品质,反而成了奢侈品,只有很少一部分人能得到阅读的美好馈赠。

阅读能力是需要逐步构建的

你理解了没有,你听懂了没有?我经常听到家长如此问孩子,听到老师在讲完课后如此确认。我们都是把理解视为一种结果,但是即便作为成年人,我们以为自己理解的就真正理解了吗?

我们可以把阅读理解分为两个词组来看,一是阅读,一是理解。

经过脑科学研究,阅读实际上是一个非常复杂的认知过程,需要调动大脑的多种工作区域,包括视觉、语言、注意力、记忆等。古人早就发现了这一点,南宋理学家朱熹在《训学斋规》中说道:"余尝谓,读书有三到,谓心到、眼到、口到。心不在此,则眼不看仔细,心眼既不专一,却只漫浪诵读,决不能记,记亦不能久也。三到之中,心到最急。心既到矣,眼口岂不到乎?"

即便在缺少科学验证的古人经验里,阅读也是一个要用到多重感官去和文本互动以达到读而甚解的过程。

再说理解。什么是理解？在现在汉语词典的释义中，理解的释意包括：

（1）顺着脉络或者条理进行剖析。

（2）从道理上了解。

（3）指了解，认识。

（4）说理分析。

（5）见解。

从这五个层面的释意可以看出，理解是一个过程导向的智力活动。无论是理解文章还是理解别人的语言，都需要顺着脉络或者条理进行剖析。否则可能读不懂作者的核心意思，也可能在交流中产生误解。

理解是一个需要逐渐深化的过程。而阅读理解，是调动我们的所有感官，来锻炼出我们理解能力的过程。我无意将阅读理解的门槛拔高，阅读本应该是平易近人的。只想由此说明，把一本书扔给孩子，就期望他成为一名熟练的阅读者，从而"通晓文义，抵达理解"是非常不切实际的。这就仿佛把一个孩子扔在雪山下面，而不给他任何装备，说：去吧，到山顶上去吧，上面有更好的风景。

他要么凭借一己之力，真的登上了雪山之巅；要么心生畏惧，再也不靠近雪山半步。

阅读需要系统的学习

对于阅读需要系统的学习这件事情，新实验教育发起人、为推动全民阅读费尽心思的朱永新教授，在和英国剑桥大学国王学院终身院士艾伦·麦克法兰关于教育的对谈中，感受颇深地说："中国教育对阅读的重视还是不够。因为无论是小学、初中、高中乃至大学，基本上都没有一个引导学生去阅读的系统训练。"

什么是系统训练？我相信大家都有学习某种技能的经历，就拿游泳为例。

一个好的游泳教练，一定会为你制订一整套学习方案，或者按照他所掌握的技能知识，循序渐进地教会你游泳，从憋气吐气，到浮漂练习，从浅水区到深水区，进阶之后再进行速度、花式等训练，直到你学会游泳。一个优秀的游泳教练不仅自己会游泳，他的大脑里也一定储备着一套有序的游泳技能。

但纵观我们的语言学习，似乎一直都是浅水区的标准动作，从字词到句子，从修辞到中心思想，只要掌握了出题人的出题套路，训练出精准的答题方法，就仿佛拿到了免死金牌。

如果将孩子的语文学习比喻成游泳的话，阅读和写作本应是深水区，需要锻炼出更综合更多元的能力，为日后高段的读写生活做相应的能力储备。但遗憾的是，许多孩子却一直在浅水区扑腾，很少真正徜徉在深度阅读深度思考的海洋中。

出版于1940年的《如何阅读一本书》，将阅读划分为四个层次，分别为基础阅读、检视阅读、分析阅读和主题阅读。

第一个层次是基础阅读，即可以识字，并且能够读懂句子的意思，理解作者表达的意思。

第二个层次是检视阅读，即可以通过略读或者预读，快速判断这本书在讲什么，是如何架构的，等等。

第三个层次是分析阅读，分析阅读是追寻理解的阅读，着重在于对自己所读的东西提出有系统的问题，帮助自己更好地咀嚼和消化。

第四个层次是主题阅读，也是最高层次的阅读。意味着我们不仅是在读一本书，而是通过一本书延伸到类似的书籍，架构出一个主题，得出自己对这个主题的分析和判断，从而构建出孩子丰富的价值观，批判性思维的能力，而这才是一个熟练的阅读者应该具备的素养，应该抵达的境界。

然而半个世纪过去了，我们在培养优秀的读者这个层面，似乎并没有太大的进步。我看到许多孩子一直在基础阅读的层面止步不前，缺少机会，也缺少环境往更高层次的阅读境界发展，因此也能更加深刻地体会到朱永新教授所说的，缺少系统的阅读指导这一感慨。

阅读量不等于阅读力

阅读是一切学科的基础。爱读书的孩子，学习成绩不会太差。相信这样的观点大家都不陌生。前苏联教育学家苏霍姆林斯基也在著作中说过：让学生变聪明的方法不是补课，不是增加作业，而是阅读、阅读、再阅读。

在我的工作坊里，不乏喜爱阅读、阅读量大，但是语文成绩却始终毫无起色的孩子。是阅读失灵了吗？还是专家们的言论缺少实际依据？或者连苏霍姆林斯基都在信口开河？

当然工作坊也有许多因为阅读而受益良多的孩子，难道只是天赋作用吗？

事实上，爱读书不等于会读书，阅读量也不等于阅读力。

阅读的核心意义在于思考

阅读可以分为娱乐型和摄入型两种。娱乐型阅读就好比我们在电影院捧着爆米花看电影，是一种娱乐化的享受，我们并不会去思考，纯粹只是为了享受感官的盛宴。摄入型阅读是思考型阅读，很多时候带着明确的阅读目标，是为了在书中获取我们需要的知识，是为了在构建知识体系的过程中添砖加瓦。就像许多影评人，在看完电影后，会对影片的各个层面做出专业的解读。

孩子不会在没有任何引导或者训练的情况下成为一个会根据自身需求摄入知识并运用知识的人。就像没有人可以随随便便成为一个专业的影评人。

所以我常常说，不要指望把一本书扔给孩子，他就可以学会阅读。不要相信给孩子打造一间书房，他就会有一个有趣的灵魂。书籍也好，书房也好，仅仅只是最基础的外在物质条件而已。

要知道，孩子阅读时获得的只是大量的碎片化信息，而这些信息需要通过思考，才能转化为知识。

信息—思考—知识

哈佛大学教授戴维·玻金斯曾发表过以下观点：

知识是思考的结果。这句话颠覆了传统的学校教学模式。传统的学校教学模式主张学生以知识习得为先，然后才能加入思考。事实恰恰相反，"思考要在获得知识之后才能进行"的说法大错特错。信息必须经过思考才能成为知识。只有对获得的信息经过思考，将思考结果融入信息，才真正算得上学到知识……

从信息到知识之间的思考，恰恰决定着阅读的本质区别。一个看了大量书籍却从未"认识和掌控自己的思考"的读者，是很难从阅读中自动习得任何能力的。而阅读的本质是思考。所谓的越读越聪明，也是因为在阅读中思考得更多，大脑就像一个蜘蛛网一样，将包罗万象的知识经过筛选、统整、分类、归纳和已有的知识建立联系等思考过程的淬炼，从而形成了自身强大的知识结构。

所以要让阅读真的深层次地助力到孩子的学习，需要我们引导孩子成为"思考型的读者"。

那么，如何引导孩子成为"思考型的读者"呢？

阅读过程的本质是和文本互动

阅读的过程本质上就是和文本互动的过程。

孩子小的时候，我们把他抱在怀里，给他讲故事。他耐心地聆听，并努力地理解，同时他的小小心灵也跟随着父母的声音语调、故事的起伏、人物的经历而产生丰富多样的感受。这个时候，孩子就已经在和文本互动了。

但也有可能，他心不在焉，想着还没有拼好的乐高玩具。那么文本便没有和孩子之间发生任何的关系。

那么，如果这个过程，我们稍加改变，增加一些和孩子的互动呢？比如在和孩子读宫西达也的《好饿的小蛇》，我们带着孩子一起观察，在封面上你看到了什么？你猜猜，一会儿会发生什么事？当孩子带着好奇阅读，就已经在和文本互动了。当小蛇"啊呜"一口吃掉一个红苹果，它的身体发生了什么变化？看起来像什么呢？就这样带着观察、带着疑问、带着推测、带着好奇读下去，孩子和文本的互动就越深入，孩子的思维也始终保持着活跃。

即便合上了绘本，阅读也并没有结束。我们可以继续带着孩子和文本互动。你喜欢这条小蛇吗？你觉得它哪里比较可爱？我们并不是要帮孩子给这本书赋予任何意义，而是在互动的过程中，让孩子的所感、所思、所知在和文本互动的过程中生发出来。

我们总是觉得，和文本互动是读完书之后的事。读完书之后，我们对阅读结果进行检测，做一做老师出的题目，写一写中心思想。慢慢地，孩子在读完一本书之后，就形成了一种简单的结论。"我知道这本书讲的是什么""我喜欢书中的谁，不喜欢书中的谁"。好像文本回应只是对书中的某个细节做出解释。

事实上，文本回应恰恰是在阅读过程中，将个人经验和文本联系起来，从而形成自己不同角度的理解和看法。

无论是一个幼儿园的孩子，还是一个成年的读者，我们和文本互动的过程，都是我们思考和对自己的思考赋予意义的过程。

"这部分让我想到了什么，这部分和我有什么关系，这部分为什么会让我有这样的想法？"

一颗活跃的大脑，总是不停地在和文本互动，就像在跳一支优美的华尔兹。然而我比较忧虑的是，在多媒体化、信息化的今天，孩子们更愿意和电子产品进行互动，因为电子产品就像一个接球员，它会自动地和孩子互动，纸质化的阅读，却需要孩子先被培养成一个"读者"。而许多孩子，已经失去了这样的机会。

培养孩子"自我监督"的能力

如果没有自我监督，那么孩子就像一艘漂在大海上的小船，好像漂流在知识的海洋上，但似乎也到不了任何地方。

自我监督是在阅读过程中，促进阅读理解很重要的能力。作为读者，我们需要判断自己读到了什么，了解什么，判断"什么是重要的"和"什么是不重要的"，哪些地方让我们疑惑，哪些地方让我们激动，我们是否一直跟随着作者思路，等等。

培养孩子"自我监督"的能力，就仿佛教给孩子怎样握紧阅读的"方向盘"，逐渐地，让孩子学会对阅读负责，对文本负责。

首先，让孩子有阅读的动机。阅读的动机一开始可能只是一种模糊的感觉，这本书似乎很有趣。同学们最近都在读这本书，我也想看看。如果让阅读成为孩子生活的一部分，而不是检测型的任务，阅读动机实际上很容易产生。

其次，让孩子可以直面阅读中发生的任何困难。我们的孩子乐于展示成果，而不愿意暴露困难。实际上，作为读者我们都明白，在阅读中出现理解的困难，是非常正常的事情。重要的是遇到困难，我们如何去解决，使用什么样的策略，可以让自己能读懂、能理解。这一部分，在第二章的内容中会详细阐释。培养"策略型的读者"，目的也就是希望孩子能够运用策略，来深化理解并获取知识，能够及时监控到自己理解进程的中断，并运用相应的策略重新捕捉文本的意义。

最后，孩子不仅能够有策略地进行思考，还能够"反思自己的思考过程"，知道如何澄清文本中的信息，达成理解，从而形成自己的知识。在后面的章节中，将详述引导孩子积极思考的策略和案例。

所以，阅读之所以是需要教授的，目的也是在于将孩子从一个无意识的阅读者，逐渐培养成一个积极的、灵活的思考者。

阅读能力不等于应试成绩

我不得不泼一盆冷水，就是阅读能力的培养，并不能无缝地提高孩子的应试能力。这是因为语文学科的学习是一种"精确"甚至"精细"的行为。

从语文应试的试卷结构来看，我们会发现测试的题型基本上可以分为四类。第一类是基础字词的运用。第二类是文体知识的掌握。第三类是理解和鉴赏类的考核。第四类是表达能力的考核。

因此孩子们在学习课本知识的时候，也是一种以测评范围为目标的学习过程。例如一篇课文，常规的语文课堂时常包括对字词的书写，对课文的精细化学习，包括课文的结构、修辞、语段的作用、中心思想等。那么通过相应的"套路训练"，孩子掌握了得分的"技巧"，获得高分并不难。

但是一个阅读量很大，思维能力和感受力都很好的孩子，却未必可以在未经应试方法训练的基础上得高分。

所以现在许多家长选择了将孩子所有的时间都放在"应试训练"上，这样的后果便是，孩子是为了成绩而学习，而不是为了享受学习的过程、获得知识的快乐、拥抱思维的乐趣。

苏霍姆林斯基认为，孩子的学习分为有意识学习和无意识学习。"无意识学习是无须运用意志力的浪漫而丰富的学习，有意识学习是一种高度聚焦地运用意志力的学习。"在学习中，无意识学习的比例应远远大于"有意识学习"，否则就容易形成"有意识记肥大症"——学习的知识对儿童来说过于抽象，难以形成学习效率。所以才有前面他提到的，学习不好的孩子，不应该补课，而应该补阅读。

在工作坊的跟踪观察中，我对这个观点深有体会。我很难去精确提高孩子的分数，因为没有时间去教"得分技巧"。但是大部分孩子在学校的语文成绩并不差。因为阅读能力带给他们的是地基一般坚实的思考能力和理解能力，在这个基础上，认真听讲，完成校内的"知识点运用"，语文成绩反而十分稳定，且有年级越高，语文学习愈加轻松的趋势。

阅读塑造大脑，也可以塑造人生

启蒙思想家狄德罗曾说：不读书的人，思想就会停止。西汉刘向曾说：书犹药也，善读之可以治愚。

在信息爆炸的时代，我们每天被碎片化的信息裹挟，在泛滥而浅薄的知识面前，被充盈的假象所迷惑。阅读可以说是抵抗平庸、保持独立的最有效的方法。在国外的教育系统中，读写素养被放在最重要的位置，也是因为我们生活的时代，对独立思考的能力要求更高了。

在一个容易滋生"乌合之众"的环境中，只有培养出具备审辩思维的公民，这个社会才会变得更美好，我们的孩子才能生活在真善美中，才能谈自由、谈创造、谈幸福美好的生活。

读得越多，孩子就越聪明

我们都希望孩子通过学习变得聪明。那到底什么是聪明呢？我见过看上去很聪明的孩子，他们眼睛明亮，滔滔不绝，但是却鲜少能做好一件事。大人给的借口是，这孩子很聪明，但就是不好好学。这样的聪明，是真聪明吗？

我认为的聪明，是具有一定的稳定性。稳定的心性，让我们沉下心来，可以踏踏实实地做好一件事，享受其中的过程，再接纳不同的结果。稳定的思想，让我们有自己的"坐标系"，能够辩证地看待自己和他人，并逐渐形成自己的价值观。稳定的秩序感，不仅能够照顾好自己的生活，也能够不疾不徐地安排一切学习任务。稳定的同理心，让我们能看到自己，也能关照他人。

对于成年人来说，这些可能都是不可多得的品质。但是我们辛辛苦苦培养一个孩子，不就是希望他能更好地面对复杂的生活吗？既然如此，这些品质为什么不能从小就培养呢？

事实上，以上这些品质，都是阅读能够带给孩子的核心品质。

在一本书到另一本书的阅读中，孩子逐渐稳定心性，可以耐下性子专注于文本中。在阅读中，孩子看到了丰富而多元的价值观，从而产生"感触"，渐渐地形成自己对世界的认知。在阅读习惯的养成中，孩子培养出内在的秩序感，迁移到生活学习的方方面面。在阅读中，孩子能够感知到人物的多样性，从而学会从不同的角度看待他人和他人的行为，构建出同理心。

在这些品质的加持下，孩子更有可能成为一个独立思考的、具有审辩能力和社会公德心的公民。

所以，读得越多，孩子就越聪明，而这种聪明，才是经得起考量的。

打造优秀的阅读脑，越早开始越好

其实仅仅从脑科学的层面来看，阅读也确实会让人变聪明。

科学家曾做过一个研究，让21名大学生在20天的时间里，每天晚上阅读一本书的一个章节，大约30页左右。每5天他们需要休息一段时间，这段时间里，他们不可以去阅读。结果显示，阅读时除了与经验相关的区域外，阅读理解和换位思考区域的神经元连接显著增强。

也就是说，阅读可以促进大脑神经元的连接。

科学家还发现，如果所选的文本仅仅是"娱乐"，那么对大脑的影响在读完几天后就消失了；如果选的文本更"深刻"，那么对大脑的影响可持续时间则更长。

所以科学家得出的结论是，深度阅读可以帮助人们改变思维、感觉和行为方式，推动智力水平的发展。

但是，大脑并非为阅读而生，阅读对大脑的塑造必然不是在一夜之间完成的，教育者们发现，"要把我们大脑不同区域联合起来，形成一个好的阅读通道，需要十年左右的时间，也就是差不多整个义务教育的时间"。

而且大脑还有一个特点是"用进废退"，通过阅读产生的大脑神经元之间的连接并不牢固，如果我们长时间沉浸在电子设备中，而不去阅读，这个大脑好不容易建立的神经元之间的连接就会断掉。

艾德勒和范多伦在《如何阅读一本书》中说道："阅读是有方法、技巧的，阅读是需要训练的。而且阅读方法和习惯培养的任务主要是在孩子9岁之前完成，等到9岁后再去关注会为时已晚，效果会大打折扣。"

至于为什么会大打折扣，也是由于大脑特性所决定的。如果孩子一开始就接触的是电子媒体等刺激类的信息，那么和阅读相关的脑组织就会越薄弱，大脑结构已然和长期读书的孩子有所不同。这一点我自己也深有体会。四五年级还没有养成阅读习惯也很少阅读的孩子，要培养阅读兴趣和与文本深度互动的能力都会事倍功半。

这也并不难理解，就像习惯刷手机的大人，让他们沉下心来读一本书也是很困难的。研究显示，现在有10%的成年人在理解基础语篇上存在困难，本质上就是没有形成阅读习惯，没有打造出一个优秀的"阅读脑"。

怎样塑造"阅读脑"？先要"阅读自动化"

要知道怎样塑造"阅读脑"，就必须了解，孩子究竟是如何习得阅读的。

脑科学家和语言学家在这方面做出了杰出贡献。他们发现，阅读能力的获得包括三个阶段：图像阶段，这个阶段时间比较短，儿童利用图像的形式表征少数字词；语音阶段，儿童学会把字素解码成音素；正字法阶段，儿童字词的识别速度变快，而且自动化的程度更高。

教育家苏霍姆林斯基也提出了"阅读自动化"的概念。他说，在小学的时候，要教会所有的儿童这样阅读：在阅读的时候能够思考，在思考的时候能够阅读。

怎么理解这个概念呢？比如我们在阅读自己感兴趣的、陌生词汇极其少的书籍时，都能保持阅读的流畅性，在默读的过程中不仅能解码字里行间的意思，还会与内容进行互动，那么在阅读这本书的过程中，我们不会被许多不能理解的字词或者语块绊倒，这种阅读的流畅性，就是"阅读自动化"。

但是阅读自动化的能力，只能通过大量阅读才能达到。就像开车一样，刚开始上路时，我们不仅要思考怎样驾驶，还要去思考交通规则，但是当我们的驾驶经验足够多时，我们的大脑就不需要再去处理基本的问题，我们甚至可以享受驾驶，可以欣赏沿途的风景。

阅读也是如此。只有经过大量的甚至海量的阅读，孩子解码字词的过程自动化了，那么就可以用更多的注意力资源来和文本互动，来监控自己是否理解文本，来建构更加深层的能力。

怎样让孩子达到"阅读自动化"？

大量阅读、海量阅读、提高孩子的阅读流畅性。美国阅读委员会经过大量研究，对阅读流畅性的评估指标包括正确度、速度、韵律和流利阅读。

阅读流畅性也分为两个层面：一是朗读，二是默读。

在孩子幼儿园甚至小学低段，朗读可以很好地提高孩子的阅读流畅性，大声朗读甚至是孩子最初学习语言的必由之路。朗读时孩子需要掌握语音语调、断句正确，需要读出感情，在这个过程中，孩子用声音传达对文字的理解，同时也在锻炼语言感知度。

到了四年级以后，孩子开始进入默读期，我接触的许多孩子四年级之后就不再愿意朗读了。但是前期养成朗读习惯的孩子，到了默读期阅读速度和理解能力明显水平更高。大量默读也会提高孩子的阅读速度，这在考试卷面文字量越来越多的当下，也是一种必需的能力。

只有当孩子顺利地完成了"阅读自动化"，才有可能去谈阅读中的迁移，去谈高阶思维。

塑造专家级别的阅读脑，需要构建深度阅读的能力

孩子"阅读自动化"的程度越高，越容易进入深度阅读的层面。但什么样的阅读算是深度阅读呢？

首先，能够进行深度阅读的前提是主动阅读。这里所谓的主动阅读，不仅是用脑子读，更是用心读。在读的过程中，读者通过预测、质疑和评估书中的观点来和文本互动。

其次，能够将高阶思维运用到阅读之中。

在布鲁姆认知分类法中，将思维分为三个层次。

第一个层次是记忆和理解。这个层次只需要做到能够回忆事实，获取信息，能对事实和信息以及概念等做出描述。

第二个层次是应用和分析。在这个层面，读者能够将学到的知识运用到新的场景中，能够理解观点之间的联系，能够通过分析找出支撑论点的证据，分析事物是如何运行的。

第三个层次是评估和创造。这个层面，读者可以做出自己的判断，评判观点的有效性，并且能将观点和信息以独特的方式综合起来，甚至创造一些新的东西。

这三个层次所体现的思维水平也是由低到高。第一个层次相对不需要太多思考，只需要孩子能够收集和记忆一些信息。第二个层次需要孩子具备处理信息的能力，并将新的信息和自己的经历结合起来。第三个层次就是高阶思维能力了，属于更高级的智力劳动，孩子也需要参与更抽象、更复杂的思考。

高阶思维能力是更高的思想境界，是看世界的广度和自由度的扩大，是形成自己的智慧和见识的途径，是实现自我价值的阶梯。

在本书的第二章、第三章和第四章，将聚焦于阅读中思考策略和高阶思维策略，这里就暂且不再赘述。

总而言之，阅读塑造大脑，也可以塑造我们的人生。

别只用考试成绩来衡量孩子的阅读能力

在读写工作坊中,经常有孩子会向我汇报语文测试成绩,说自己的阅读和作文没有丢分。对此,我打内心里高兴不起来。我既担心他们成绩不理想,更担心他们将阅读和写作仅仅当成应试。

如果我们欣赏一本书,讨论一本书,深入一本书,仅仅只是为了测试,那将来他们走上社会,不再需要这种同质化的测试之后,他们又将用怎样的态度对待阅读呢?我在和家长沟通时,时常申明我这里不是以"提分"为目标的培训班,而是像美术、音乐等兴趣班一样,是在逐渐构建一项孩子终身需要的能力。在这里,重要的是构建,而不是将阅读和写作作为应试工具。

在五年的观察中,我发现,保持稳定的阅读习惯,大量广泛的阅读,思辨能力在阅读中得到锻炼的孩子,他们其实可以轻而易举地应对学校考试。这也和国外诸多阅读研究不谋而合。

反而如果家庭提供的是"唯分数论"的教养环境,即便孩子的卷面分数暂时比较好看,但是孩子在面对更为深刻和复杂的文本时,缺少探索其内涵的动机和意识,也缺乏表达多元观点的素质。

阅读能力像一个引擎,嵌缝在孩子的整体中。如果仅仅以分数来衡量,显然可能牺牲掉孩子未来的阅读潜能。而阅读的潜能,难道不是思维的潜能吗?但在以应试为选拔手段的大环境中,培养读者反而像是逆风起舞。

阅读理解测试测不出来的能力

《书语者——如何激发孩子的阅读潜能》的作者唐纳林·米勒在谈到

标准化测试中的阅读时说:"我们不能混淆测评机制和激励机制。把成绩当成目标,只让学生为考个好分数而阅读,并不能产生真正的激励作用,事实上反而降低了他们的阅读兴趣和课外阅读热情。毕竟对成年读者来说,如果每读完一本书都要做一份测试题,还有几个人愿意读书?"

她在教学实践中,将更多的时间留给孩子阅读,而将阅读理解测试作为一个文类进行教授。"地图有地图的阅读方式,报纸有报纸的阅读方式,怎样阅读考题也是有方法的。"她只在考试前,花一些时间带着孩子们去研究考卷是如何设计、了解考题的类型、琢磨出题者的意图、掌握出题人的常用术语,以此达到"通关"的目的。

她认为,通过阅读理解测试,并不能教会孩子阅读,相反,孩子还极有可能形成"阅读能力就是做好阅读理解题"这样的狭隘理解。

众所周知的是,阅读理解测试更注重对单篇短章的解读。孩子们学习的是对一篇文章进行精密化的剖析,而剖析的角度无非是字词的使用,修辞的作用,人物的语言、动作、心理、神态描写等所刻画的形象如何,各种描写所起到的作用,表达了作者怎样的思想感情。这样单一的测试角度,很难激发孩子的多样化解读能力。而在写作、输出的环节,当我们需要孩子表达丰富的观点和不同的思考路径时,孩子往往"无米下锅""思想单一"。

教育家叶圣陶先生早在《叶圣陶集》里也说过:"读惯了单篇短章,老是局促在小规模的范围之中,魄力就不大了;等到遇到规模较大的东西,就说是两百页的一小本书吧,将会感到不容易对付,这又哪里说得上养成读书习惯?"

由此可见,无论中外,在培养读者、培养阅读能力这件事上,依托的都不仅仅是考试成绩。测试原本只是检验知识的手段,而我们却将它当作孩子学习的唯一目标,显然是本末倒置了。

答题技巧会阻碍孩子阅读能力的发展

为了追求立竿见影的应试效果,很多课堂和学习机构都是以教授得分技巧来教孩子们阅读。

我曾经去一个机构旁听过一位语文老师讲课,她在给孩子们讲王维的《鸟鸣涧》。她在黑板上写上王维的名字,让大家记住,王维是山水田园诗人,她声色俱厉地叮嘱孩子们,在做赏析田园诗的阅读题时,一定要记得写上"表达了诗人对大自然的热爱和赞美之情"。

我能理解,这种贴着分数讲答题技巧的出发点是为了不让孩子丢分,是为了让家长满意。但是这也让孩子永远无法体会到诗歌的美好,体会到《鸟鸣涧》中的诗情画意,悠然自得,体会王维当时的心境。孩子和诗之间,仅仅只是建立了几个知识点的联系,既不会让他们觉得诗歌有多美,也不会激励他们去读更多王维的诗甚至其他的诗。

不仅仅是诗歌,为了卓有成效,各种教辅将阅读训练按照考试考纲,将题目分门别类,总结出相应的答题技巧,这些技巧就像通关密码一样,让孩子为了考试而聚焦于如何写出正确的答案,而不是去学习如何正确地赏析和思考。

这种以分数为导向的阅读思维渗透到阅读生活中,恰恰会成为真实的阅读能力发展的拦路虎。孩子们遇到同类的阅读理解题,甚至不用读完,就可以根据自己的答题经验,根据得分点得出相应的答案,而再也不会去花时间调动丰富的感官,去感受、去联结、去经历更为深刻的阅读旅程。

这样的阅读方式,只会让孩子将阅读视为得分的工具,而不是一生的精神食粮的来源,美好的生活伙伴。

在阅读过程中涵养多元化的能力

有的孩子和家长,一直将我这里当作阅读和写作的培训班。他们带着焦灼的目的而来,在一两个学期后,将分数作为唯一的评判标准,而后失望地离开。

在我看来,阅读是为了满足孩子不同的认知需求,是为了构建丰富而立体的个人经验,是为了形成思考的惯性,是一项终身受益的技能。

培养一个优秀的读者，需要让他们看到，真正的读者拥有怎样的阅读习惯，是如何使用相应的策略解读一本书，是怎样帮助自己从阅读中进行思考和反思，是如何让一本本书影响自己，而这一切，都是一个缓慢的螺旋形的逐渐构建起来的过程。

是过程，就需要展现，什么是思想。

是过程，就需要教授，什么是思考。

是过程，就需要花时间让孩子自己去练习成熟的读者阅读时经常使用的思考策略。

比如建立联系、回想、预测、质疑、推断、筛选、整合、诠释，等等。这一切不仅仅是在我们学习的时候要去做，当我们离开校园，当我们进入独立的社会生活，甚至当我们垂垂老矣，面对任何人生大大小小的课题，我们都有一个明亮而清晰的面对人生一切课题的途径。

"阅读可以在桌灯所射出的小光圈里，准备从事人生的大战。"大卫·李斯曼如是说。

怎样对待阅读理解测试

我们不能将考试和能力分开。试卷用一种标准化的形式来评测孩子的能力，但孩子的能力，却又不是一张张试卷可以评测全面的。

怎样对待阅读理解测试，其实我们不需要让孩子站在应试的对立面。家长需要知道的是，在2022年颁发的《语文义务教育课程标准》中，已经提出了整本书阅读和思辨读写的大任务模块。在考核标准中，命题规划也体现了更加多元的出题方向。比如"倡导设计基于情景的探究性、开放性、综合性试题。对题型设计、题量和难度、评分标准等方面提出基本要求，充分展现学生在语文学习过程中形成的能力、方法，以及情感态度与价值观的综合发展情况"。

从中可以明显看出，通过"以做题为导向、以应试为目标"培养应试能力，逐渐就行不通了。未来的考核层面，更倾向于个性化的展示。比如谈谈你对某个社会事件的看法，某个历史人物的评价，要求展现你的思考路径和思考角度。

简单地说，一切都在检测孩子的思维能力和读写素养。

测试没有变，但是测试的维度变得更多元。所以我们需要改变的是我们固有的对阅读的看法，对应试的狭隘理解，以及对孩子学习生活的单一路径规划。

美国教育家杜威在《民主主义与教育》中说："思维的材料不是思想，而是各种行动、事实、事件和事物的种种联系。换言之，一个人要有效地进行思维，必须依据具有或者现在有许多经验，给他提供对付所遇困难的办法。"

让孩子进行有效的思维，是让他具有丰富的经验。经验从哪里来，从生活中，从阅读中，从将生活与阅读进行更多的联系中。

破除阅读只是升学工具的迷障，让孩子不仅仅只是重复单调地记忆背诵、刷题提分，而是让孩子能够感受、发现、犯错、思考、澄清，通过自己的"具身式"参与，去拿到自己人生的最佳成绩，而那，绝不仅仅是一个数字。

让孩子在"心流"中阅读，培养兴趣才不难

我时常在朋友圈看到一些家长发学校布置的"阅读打卡"作业，写上书名，写上阅读时间，附上一句阅读的口号，再配上一张孩子端坐于写字桌前的照片，形式感满满。然而，这样真的可以培养孩子的阅读习惯并让孩子爱上阅读吗？

在读写工作坊成立的最初，我也在每个读写小组布置了每本书的打卡任务，为了让每周两个小时的深度读写项目可以顺利进行，也为了"帮助"家长们更好地"督促"孩子阅读，我也曾短暂地使用过这种形式。结果是一败涂地。

其一，并不是所有的家长都喜欢打卡，繁忙的工作，杂沓的生活，已经把精力切割成无数的碎片，这种形式上的任务意义并不大，反倒把家长变成了"监工"，不仅不利于亲子关系的融洽，还很容易让孩子在家长的要求中迷失了自己。

其二，当阅读和打卡联系在一起，它就变成了任务。孩子对任务的感受，普遍是"完成"的心态，毕竟当下除了阅读，孩子要面对的任务太多了，我们很难让孩子对一堆任务产生好感，只会令他们在满满的任务面前失去活力。

我也曾使用过"奖励"的方式，去调动孩子阅读的积极性。但作为一个阅读总是带给我人生不同奖励的读者来说，阅读本身就是最好的奖励。如果我现在用奖励来"贿赂"孩子们阅读，他们为了礼品，为了奖励短暂地完成任务，又有什么意义呢？他们终究无法成为真正的愿意在生活中享受阅读的读者。

阅读的主体是孩子，如果他们不打开阅读时身心参与的开关，没有人可以把一个字灌进他们的小脑袋。

让孩子在"真实阅读"中享受阅读的馈赠

在无数的场景中，我们让阅读流于各种形式，然而对于阅读的主体——孩子来说，却并未真实发生。

在关于阅读研究的权威著作《阅读的力量》中，作者斯蒂芬·克拉生教授提出"自由自主阅读（Free Voluntary Reading,FVR）"。"自由自主阅读"是指纯粹因为想阅读而阅读，不需要写读书报告，也不用回答章节后的问题。若是不喜欢这本书了，也不必勉强读完它。

不仅如此，根据一系列的科学调查研究，作者论证出，"自由自主阅读"是有效的学习方法，且是唯一的方法，唯一能同时使人乐于阅读，培养写作风格、建立足够词汇、增强语法能力以及正确拼写能力的方法。

《阅读的力量》让我看到了"真实阅读的力量"，唯有真实的阅读，才能真正激发孩子阅读的原动力，才能让孩子在成为一个优秀读者的路上畅通无阻。

这并非是说语文学习就没有必要了，而是如果没有大量自由自主地阅读，不在阅读中学习阅读，那么所有的"语文技能"便不能发挥真正的价值。

《阅读的力量》中也指出，实际上这是因果关系的错位。我们总是觉得必须先熟悉语文的"技能"，然后才能将这些技能运用到阅读与写作中，实际上这并不是人脑运作的方式。只有阅读与我们自己有关的东西，才能让语文能力得到发展。

这个观点在我们的生活中，其实也在不断被证实。我们小时候都学过鲁迅的课文，然而又有多少人从小就对鲁迅"油然而生"某种敬佩之情呢，更多的感受是"一怕周树人，二怕写作文，三怕文言文"。

大量对字词句的检测，大量标准化的测试，只是让孩子们对鲁迅"望而生畏"，甚至埋下了一辈子也不要读鲁迅的种子。

"真实阅读"就是自由自在地阅读，也是阅读的本质，是让孩子回归到阅读的自然状态。如果我们的目的是希望他们未来过上一种有阅读加持的精神生活，为什么不在一开始就将他们视为真正的读者一样培养，并给予作为真正的读者应该享受的权力呢？

帮助孩子创造阅读的"心流"体验

在真实的阅读中，孩子才更有机会进入"心流状态"，也被称为是"珍珠时刻"。

心流理论来自米哈里·契克森米哈教授，他在研究了许多著名的作家、音乐家、艺术家、学者、工程师后，发现他们之所以能够达到卓越，完全是因为他们能够更多地进入"心流状态"。

米哈里奇·契克森米哈教授曾在他写的第一本书《摆脱沉闷和焦虑》中，对学龄期的孩子们进行研究，发现在上学期间，极少有孩子会出现"心流"状态。这一点很令人意外。他发现孩子们的学习经常会被上课的铃声、老师的说教、同学的干扰等影响，这些我们觉得无法规避的因素，恰恰在不断干扰孩子，让他们无法真正享受深入的学习。

米哈里奇·契克森米哈教授将孩子的学习状态分为四个象限，即焦虑、心流、毫无兴趣、沉闷无聊。

当挑战难度低时，孩子的学习状态可以分为"沉闷无聊"和"毫无兴趣"两个层次。当挑战超出孩子的能力，孩子的学习状态表现为"焦虑"和"毫无兴趣"。米哈里奇博士对一些美国学校进行调研，发现孩子28%的时间会处于"毫无兴趣"的状态。而让孩子感到沉闷无聊毫无兴趣的场景恰恰是学校最常发生的，如听写练习、无关紧要的作业、老师过多的说教、校长的集合训话、无趣的阅读理解训练等。进入"心流"状态几乎是很难发生的事。

在这样的学习场景中，我们期望孩子能成长为一个自由的读者，几乎是不可能实现的。

在学校，孩子们大部分处于"行动"模式，跟随命令而行动，就像吃饭、睡觉、走路，是处于自动驾驶的状态。他们并没有足够的机会和空间去运用自己的思维，去创造性地思考，去享受完全和自己待在一起的"存在"模式，完全地关闭压力的阀门，全然地享受自己所做的事情，无论是弹琴、画画或者是阅读。而阅读是练习进入"存在模式"最简单的方法之一。

那么，怎样帮助孩子创造阅读的"心流"体验呢？

第一，给孩子打造一个不被干扰但自由舒适的阅读环境。对于有的孩子来说，阅读依赖于环境，有的孩子在任何地方，都可以排除一切干扰和书本来一场心灵之旅，这样的孩子毕竟是少数。特别是年龄越小的孩子，对抗干扰的能力越低。我们不能期望给孩子一本书，他们就应该理所当然地去阅读，去学会专注。事实上孩子学习阅读的过程，恰恰也是一个学习使用注意力的过程。

一个好的阅读环境，包括藏书、空间和可以与孩子一起阅读书籍和讨论书籍的大人。

第二，尝试让睡前阅读成为一种习惯。进行了一天的学习活动，孩子的身心都需要平静下来，而阅读恰恰是这样令人放松且滋养心灵的活动。如果孩子的一天在紧张忙碌中结束，或者在电子屏幕的刺激下结束，这对孩子的睡眠质量极其有害，他们会带着紧张的神经反应进入睡眠。而阅读可以让孩子逐渐松弛下来，逐渐进入一种"存在"模式（不再只为他人的指令和明确的目标行动），徜徉在故事中，去和故事进行联结，生发出真实的感受。这样其实就是在训练孩子的大脑，让它发展出新的神经通路，帮助孩子在第二天的学习活动中能够更加集中注意力。统编版中小学语文总主编温儒敏教授提到："要求整本书阅读，首先就是'养性'，涵养性情，让学生静下心来；读书，感受读书之美，养成好读书的习惯。"

第三，培养孩子的自我效能感，帮孩子成为读者。在《心智与阅读》这本书中，作者谈到影响阅读的三个因素，即态度、动机和自我概念。孩子的阅读态度一般来自一开始的阅读体验，就像犹太人在孩子接触书时就在书上涂上蜂蜜让孩子品尝，在孩子的情绪认知里，书就是香甜的。从最初美好的体验开始，孩子逐渐也就形成了良性的阅读循环，读得越多就越熟练，越熟练就越容易喜欢上阅读，阅读的态度也就越积极，从而促成更频繁的阅读。所以让孩子拥有良好的阅读体验尤其重要。

而良好的阅读体验会让孩子产生更多的阅读动机，从而具有更强的"自我效能感"。什么是自我效能感呢，在阅读中，就是对阅读有高期望值，即便在阅读中遇到困难，也愿意积极克服、主动挑战，从而享受"登顶"的快乐。那么在一开始为孩子提供书籍的时候，一定要循序渐进，以为孩子创造愉悦的阅读体验为主，允许孩子放弃不爱读的书。可以将孩子的兴趣和阅读结合起来，为他创造阅读的动机，去图书馆或者书店，一起列自己的年度书单等，都是培养孩子阅读效能感的小技巧。

所谓的自我概念，本质上就是对"读者"这个身份的自我认同。如果孩子认为自己是个读者，他就会更积极地去阅读，从而形成更好的良性循环。而孩子一旦形成"我是读者"这样一个身份认同，那么在成为更好的成熟的终身的阅读者这条路上，已经是最有意义的一步了（图1-1）。

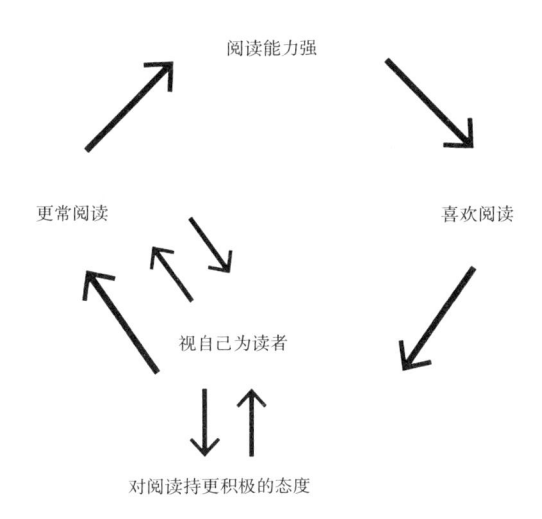

图1-1 形成具有读者视角的良性阅读循环

了解孩子的阅读阶段很重要

我对两个从读写工作坊离开的孩子记忆很深，可能因为他们也代表着我的挫败。

他们是两个三年级的男孩。那次共读和研究的书目是《安徒生童话》。在我看来，这是一本很好读的书，也是三年级童话单元的必读书目，一些篇目也被选入了教材中（我们很容易自以为是，特别是当这本书是新课标的必读书目时，我们想当然地就会判定为这是这个阶段的孩子可以读懂的书）。

由于这两个孩子本身是同班同学，学习成绩也相当，我便让他们组成小组。当时的任务是，每个二人小组互相挑选一篇自己喜欢的文章，朗读给彼此听，聆听的同学复述，然后小组汇报，复述自己是怎么判断和挑选关键内容的。而我则在他们进行这个活动时，观察每个孩子的表现。

当我悄悄地走近这两个孩子时，我发现，他们在朗读的过程中磕磕巴巴，也就谈不上语气语调和对感情的投入。在复述的阶段，他们似乎很难组织语言，他们尽力地搜寻能够记住的一切细节，然后艰难地从嘴巴里将那些句子衔接起来，但是许多细节却是混乱的，故事的要素也并不完整。很显然，无论是在阅读上还是表达能力上，他们都是需要帮助的孩子。

而这个过程必然不是一蹴而就的，需要进行系统的训练，从语感训练到词汇理解，从正确断句到流畅阅读，从提取关键信息到复述再到有条理地表达，等等。但是遗憾的是，家长首先对孩子失去了信心。然而孩子的一生很长，事实上他们任何时候学会阅读学会思考都不晚，毕竟这是我们终身学习的基础。孩子被裹挟在太多外在的硬性的短期目标中，家长也是不得已吧。

美国有专门的"阅读恢复老师",就是帮助阅读困难的孩子,能够逐渐恢复到同级孩子的普遍水平,减少孩子在阅读上的失败。阅读困难的因素非常多,所以阅读恢复老师不仅要关注孩子读什么、怎么读,最主要的是要关注孩子在阅读不同文本时所呈现出来的状态。这样才能做到有效的指导。

比如,面对阅读能力水平低于普通水平的孩子,并非是给他们挑战性的任务,而是应该进行"降级",从帮孩子找到阅读自信开始。

由此看来,任何时候了解孩子的阅读阶段都很重要。

帮助孩子选择符合阅读阶段的书

相信大家都知道,国外有严格的阅读分级体系,所以在阅读英文书籍时,我们可以根据相应的等级测试,为孩子匹配相应的书籍。中文阅读的分级系统也在进一步发展之中,许多不同的机构、出版社等都在尝试制定相应的分级策略和分级书目。

儿童阅读当然需要分级。但是分级的最终目标是让孩子成为一个鲜活的真实的阅读者。分级是为了帮助孩子找到适合他的读物,借助分级书目的难度梯度,让孩子的阅读能力有所提升。但是如果我们依然是在用同一本书针对同一个阅读团体的孩子,比如一个班共读一本书,那么这个分级本质上就是无效的。因为一本书必然不可能满足班上每个小读者的阅读需求。

如前面所说,要想真切地帮助孩子,必然需要了解孩子的阅读阶段,为他匹配他可以和文本进行互动的书目。

什么叫和文本保持互动呢?比如看到有趣的地方,孩子可能会哈哈大笑,可能会迫不及待地分享他的阅读发现或者阅读感受,甚至发表他对人物的看法、对细节的描述。

老实说,在课堂上为每个孩子或每个小组匹配不同的书目,来进行阅读指导,这一点对于我们国内的老师来说,很难做到。我们很难系统做到让每个孩子可以使用不同书目的阅读教学过程,即便我已经让每个阅读小组只固定八个孩子，但依然是以同一本书作为阅读教学的载体。

但了解分级的好处是，我们至少可以为这个年龄段的孩子，匹配大致适合他们的能力、认知和情感需求层面的书。让他们在具备社交属性的读书活动中，能够对同一本书发挥出热情。任何时候，任何学习，需要的燃料都是"参与感"。如果孩子不参与，我们便无计可施。

所以分级也好，了解孩子的阅读阶段也好，都是为了让孩子愿意更多地参与到阅读生活中来，直到阅读真地成为他学习和生活的一部分。

判断孩子的阅读阶段，才能更好地指导孩子

这里我想说的是，在国外的阅读研究中，会将孩子的阅读分为几个关键性阶段，每个阶段应该注意发展孩子的哪些具体能力，对于只负责养育一到两个孩子的家长来说，可能有一些参考性。但是每个孩子发展的节奏也并不一样，事实上任何按图索骥的事情，用在每一个不同的小孩身上，都可能满盘皆输。

我从女儿出生时，就开始大量地带她读绘本，直到女儿成为一个享受阅读、在阅读中学习、不报任何语文补习班语文成绩也能遥遥领先的孩子。当我成为一个读写老师，我以为其他孩子可能都是差不多的水平，或者我可以重复女儿身上的成功经验。现实却往往没有那么容易。

如果当你面对的不只是一个小孩，而是一堆小孩的时候，当这些小孩可能根本无法按照我们期望的那样像齿轮一样嵌缝在相应的阶段时，家长只会为孩子没有达到这个阶段的要求而焦虑，孩子会为自己没有达到要求而自卑气馁，作为老师的我仿佛需要做的就只剩下让孩子达到某些阶段性要求。

不，我要打破这令人无力的现实。如果我们的目的只有一个，就是让孩子成为终身阅读者，那么现在做的每一步，都是为了那一刻的到来，其他的一切"声音"，或许都可以放下。我们要做的就是观察孩子，认同他的兴趣、他的价值观，尊重他的阅读偏好。在这个基础上，找到他愿意挑战的书籍，帮助他学习相应的阅读策略，处理文本信息，获取自信，从而越来越多地阅读，越来越好地阅读。但这做起来并不容易。

当然我也会在心里大致对孩子的阅读阶段有个划分，这是为了更好地追踪孩子的成长，能够给予更加适切的阅读指导。

美国读写老师卡尔金斯将阅读阶段划分为三个层次。

第一个层次是阅读困难的孩子。阅读困难也是相对的，就如前文提到的两个孩子。如果阅读一二年级的桥梁书、图画书，他们自然算不上阅读困难。但是在阅读《安徒生童话》这种文本细节更为丰富、主题也更为复杂的文本时，我发现了他们的困难之处，才能有效地给出反馈，教授他们理解的策略和方法，帮助他们发展出丰富的阅读经验。

第二个层次是阅读发展中的孩子。阅读发展中的孩子，有阅读兴趣，掌握了一定的阅读策略，但是囿于阅读经验的不够丰富，在遇到一些线索更为复杂、主题更为深刻的文本时需要相应的指导，才能更好地理解文本。在和文本互动的过程中，他们和文本会有一些隔膜感。

第三个层次是独立阅读的孩子。独立阅读的孩子可以独立阅读符合他们认知水平的大量书籍。在理解层面，他们已经不需要任何指导。那么他们需要的是什么呢？是批判性阅读，是做更为复杂的文本探究，是通过阅读来进行评论性的写作等高阶思维的训练。

试想，如果把这样三个不同层次的孩子放在一起，共同读一本书，而老师只是根据整本书来设计所谓的教学活动，而不是作为教练一样在孩子旁边观察他们，陪伴他们，在他们读不下去或者无法参与时扶他们一把，那么有的孩子可能只是在阅读的跑马场上陪跑而已。

判断孩子阅读层次的方法

1.根据孩子朗读时的准确率进行判断

一些阅读研究者认为，如果孩子的阅读准确率低于90%时，那么文本的上下文对他理解文本的支持性就会显著降低。我们可以让孩子大声朗读选择的文本，一到两个自然段，看看是否流畅，是否可以顺利地断句。如果孩子的阅读准确率可以达到百分之九十，或者以上，那么就可以判断这本书适合他。

2.根据孩子阅读时的投入度进行判断

我始终认为，培养一个阅读者，让他可以松弛地阅读他能够理解的书非常重要，特别是对于刚开始阅读的孩子。而不是一味地提供我们认为"高大上"的书籍。没有一个读者可以在没有和一本书建立联系时，就会毫无理由地爱上它。就像为了让孩子们能够"无痛"阅读工作坊指定的书目，我也需要设计相应的"导读"课程，尽量引发孩子们的阅读兴趣。因此我们可以观察孩子阅读时的反应：是否积极投入，是否可以对文本做出反应，是否被细节所吸引，是否对一本书进行分享，等等。有时候让孩子放弃一本不适合他阅读水平的书，未必不是一种明智之举。

3.孩子的写作能力也能透露出他的阅读水平

孩子的写作能力实际上也透露出孩子的阅读水平。比如一个在写作时总是无法正确使用标点符号的孩子，在阅读的时候，也很可能无法正确地识别标点符号的作用，无法正确地断句。但是同样的，通过写作，也可以提高孩子的阅读理解能力。因为在写作的过程中，他可以理解更多词语的用法，当一些词语反复使用，便形成了对句子结构的判断意识。那么在阅读中，他便能更好地理解词语在句子中的作用。

我时常想，如果现在的我再次遇到那两个孩子，我会和他们聊天，了解他们对阅读的看法，理解他们的阅读处境，从而找到他们可能感兴趣的领域，让他们进入成为一个读者的可能性之中，和其他享受阅读的孩子一样，也能抵达阅读的无我之境。

当然，这更需要家长有一种共同体的意识，在家庭中为孩子打造一个舒适而优质的阅读环境，允许孩子去读他们喜欢的书。或许，帮孩子构建他们的阅读生活，才是我们可以做的最重要的一步。

阅读不挑食，尽早让孩子开始阅读知识读物

在一开始进行读写工作坊的策划时，说实话我并没有纳入知识类的读物。因为在整个小学的阅读学习中，主要以文学作品的阅读和技巧为主。甚至在我参加的一些云集国内顶级教育大咖的阅读论坛上，探讨的核心内容主要也集中在各类文学作品上，比如，神话、童话、散文、故事、小说、寓言等。在文学类读物的阅读教学中，可以说很容易找到国内专家们系统的学术研究类读物，但是在知识类读物的阅读领域，阅读策略和教授策略都寥寥无几。

这可能来自一些普遍性的观点，比如儿童在青春期以前，最好的阅读营养是故事。比如华德福的创始人鲁道夫·史坦纳在《做适合人的教育》中，提倡在十四岁以前，儿童最好只学习记叙文。

然而我不太同意这种观点。

孩子生活在丰富的场景中，就像文学作品的阅读，丰沛着孩子的语言、想象和精神，那么在知识的汪洋大海中，孩子则和这个世界进行着真实的接触。

孩子天天仰望星空，我们不能一直让孩子认为月亮上住着嫦娥，还需要让孩子知道，神话是人类文明的起源，是人们对于未知的一种美好的想象和寄托。但是也可以让孩子知道，科学家所探测到的月球究竟是怎样的。毕竟，当孩子们在电视里看到宇航员登上月球，即便是幼儿园的小朋友，我们也不应该剥夺他们探知世界真相的好奇心，而非要将他们留在文学的浪漫世界。况且，科学本身也是一种浪漫。

孩子的好奇心实际上会引领着他们阅读世界，我们有限的认知不应该

成为他们阅读世界的枷锁。

虚构类和非虚构类阅读的两极分化

在杰罗姆·布鲁纳的经典著作《教育过程》一书中，有一个已经被无数次验证的建议："我们的学校有可能浪费了宝贵的时间，他们推迟了很多他们认为太难却十分重要的学科的教学……任何学科的基础知识都可以以一定的形式教授给任何年龄段的任何孩子。"

在我进行文学类整本书的工作坊中，有一个低年级孩子始终兴趣寥寥。他旗帜鲜明地表示，老师，我喜欢看跟恐龙有关的书，我喜欢看DK系列的书。我一边称赞他知识面广，一边又试图劝服他，读文学类的书也可以学到许多阅读策略，帮助他回去能够更好地读他喜欢的书。

我翻阅了无数的专业书籍，都在教我如何给孩子讲文学作品，怎样让孩子爱上阅读，可是对于这样一个就是喜欢阅读知识类文本的孩子，他已然爱上了阅读，只是没有爱上我们希望他读的书，难道我要让他不要继续读他喜欢的，而是要培养阅读文学类作品的习惯？

如今的他是个恐龙狂热分子，这代表他已然是个学习者，他在研究恐龙的过程中注入了专注，注入了研究型学习的动力，这是我们多渴望在大部分孩子身上唤醒的能力，他已经具备。我不知道我除了肯定他、鼓励他、支持他，还有什么值得做的。

而我观察到的另一种局面是，文学类作品的理解能力的提高，并不能帮助孩子成为全面的读者。比如在和高年级的孩子共读《海底两万里》的时候，就有许多孩子表明，关于潜水艇和许多机械动力装置的描述，他们看不懂。这一部分看不懂，有的老师会引导孩子跳读，或者解读为这部分不重要。然而阅读科幻作品，不就是为其科学的逻辑推导所折服，畅游于想象的宇宙吗？如果连其科学之处都无法领会，何谈读懂了整本书？

事实上我们是可以采取一些方法让孩子阅读知识类读物的能力得到锻炼和提升的，但是由于一开始我们就认为这是不需要教的，而将知识类读物不自觉地边缘化。

阅读知识类文本，拓展孩子的"智力背景"

在英文阅读范畴内，分级阅读体系已经非常完善，有牛津树一样的故事类分级读物，也有RAZ这样的知识类分级读物。然而在中文阅读学习的过程中，可能在整个小学结束，都没有习得可以支撑他们阅读知识类读物的技能。

众所周知的是，孩子们到了初中，马上要应对地理、历史、生物、化学等充满了大量陌生知识的科目。在没有构建过任何背景知识的情况下，我们要求孩子对这些科目产生兴趣，并且能够快速理解老师口中的若干陌生概念，实在有些强人所难。

回顾我自己的求学经历，这似乎也是我所经历的"学习坑洼"。从初二开始，我的生物、物理和化学成绩就一路直下，我努力记忆老师教授的一切概念、符号、公式，但是却不知道它们为什么如此，背后的逻辑是什么，以及我可以如何更好地理解它们。进入高中后，我选择了文科，似乎才松了一口气。

直到如今，依然有许多孩子和当年的我一样，囿于死记硬背，既体会不到学科知识的奥妙，也感受不到学习的乐趣。

然而这并非无法解决，实际上阅读就是一条捷径。

苏霍姆林斯基在《给教师的建议》说："在学龄中期和晚期阅读科普读物和科学文献与学龄初期的观察起着相同的作用。会观察和发现的学生也容易培养其对科学文献的敏感度。如果不经常阅读科学读物和科普文献，就谈不上对知识的兴趣。如果学生走不出教科书的限制，对知识的强烈兴趣就无从谈起。"

他以一位优秀的数学老师为例。这位老师在教学生学习方程之前，先是合理性地组织学生阅读与方程式有关的书，比如方程这个难题在民间智慧中是如何形成的，了解一些与方程有关的有趣小故事，让学生对方程产生兴趣，在这个基础上，再进行方程的实际运用的教学。在这个过程中，扩展了孩子学习过程中的"智力背景"，孩子的思维就会更清晰，学习起来也会更有动力。

这意味着学好一门功课不仅仅是依靠课本和课堂，更重要的是扩展学习过程中的"智力背景"。

阅读知识类文本，均衡孩子的"阅读营养"

如果把阅读视为大脑的饮食，那么知识类读物便是均衡阅读饮食的一部分。

在进入小学高段学习后，孩子的语文学科中也会面临大量的"非连续性文本"的阅读理解题型。在新课标小学语文"高学段目标与内容"中，明确提出"能从图文等组合材料中找出有价值的信息"，这就要求孩子要能从图表、说明文等材料中分析推理、获取整合信息。

虽然"非连续性文本"不等同于所有的"知识性文本"，但是其目的也是"引导学生学习当代社会生活中的实用性语文，包括实用性文本的独立阅读与理解"。对应的实际上也是文学类阅读理解之外的一切文本。

事实上在我们的生活中，知识类文本发挥着更大的实用价值。我们通过阅读报纸、浏览信息掌握当今社会的趋势，我们通过阅读说明书学习使用一切新型的电子设备，我们通过写简历介绍我们自己以获得工作，我们开车需要识别所有的指示牌，旅行时需要看懂地图……

然而，在阅读理解测试中，"非连续性文本"和文言文一样，成为了孩子们理解上的老大难。

那是因为，和文学类读物相比，知识类读物的文本特点更加丰富，涉及到图表、图形、对比、说明文字、列表、标题、副标题和标签等多元化的视觉辅助工具。所以不仅仅要解码文字，还要有解码多种文本类型的能力。

另外，知识性的文本更加需要孩子具备筛选信息、分析信息、确定信息的重要性、分清事实和观点、整合和提炼主题等综合的阅读能力，而仅仅在课堂上通过做阅读理解，很难锻炼到深层的能力层面。

均衡孩子的阅读营养，提升孩子的智力背景

1.从孩子感兴趣的领域入手，为孩子提供知识类文本

阅读知识类文本，并不是为了在孩子的脑子里灌入更多的知识，而是为了将他们引领进更为丰富的生活和更为广阔的视野，让孩子意识到，知识类的作品阅读在生活中无处不在。

让一个热衷于恐龙的孩子去读关于恐龙的知识类读物，他会情不自禁地被相关知识吸引，比如，恐龙时代的三个时期、恐龙的种类、不同恐龙的习性，等等，他们被自己的求知欲引领着，兴趣将帮助他们成为知识类读物的忠实读者。

让孩子爱上知识类读物，我们就需要寻找条件——关注孩子在生活中的兴趣、爱好，有可能是一些你不以为然的事物，比如一堆石头，即便是石头，也可以邀请孩子去分享和探索，石头是怎么形成的、石头的作用、石头的种类等。孩子天生充满好奇心和探索欲，而我们要做的仅仅是创造条件。

毕竟，阅读可以让孩子更加享受他的爱好，反之也在促使他成为一个更好的研究者和学习者。

2.逐步为孩子搭建知识类读物的阅读体系

知识类读物的划分可以说包罗万象，我们可以从两条线来为孩子搭建，一是阅读的广度，二是阅读的深度。

在阅读的广度上，我们可以简单把知识类文本划分为地理历史类、传记类、科普类，还有包罗万象的报纸杂志等作为补充。根据孩子的年龄，为孩子挑选相应的书目。

在阅读的深度上，可以以主题阅读为主，深度逐渐加深。关于历史类的书目，在女儿小的时候，我们共读《儿童历史百科绘本》《太喜欢历史了！》这类以图画书的形式呈现的历史类读物，丰富有趣的设计、插图，都可以提升孩子的阅读兴趣。到了二三年级，她开始独立阅读《写给儿童的中国历史》《吴姐姐讲历史》《少年读史记》等叙事性的知识读物。五年级开始阅读申赋渔《诸神的踪迹》《君子的春秋》《战国的星空》历史三部曲，以及《人类简史》《万历十五年》等兼具观点和事实的知识类读物。

《如何阅读一本书》的作者谈到如何阅读历史读物时说过两点：一是对你感兴趣的事件或者时期，尽可能阅读一种以上的历史书；二是阅读历史时，不要只关心在过去某个时间、地点真正发生了什么事，还要读懂在任何时空，尤其是现在，人们为什么会有这般行动的原因。

因此我们不要因为一些历史读物在我们看来内容是同质化的，就选择只让孩子从头到尾去阅读。事实上，在不同的历史读物中，人物和事件交叠、复现，逐渐在孩子的脑海中构建出清晰完整的框架，这个自然而然的搭建过程，不仅在丰富孩子的背景知识，也是在扩充其智力背景。

其他类目的主题，我们也可以循着类似的路径去为孩子搭建阅读体系。

3. 为孩子的阅读留出时间，和孩子一起阅读世界

如果要让孩子对知识感兴趣，本质上还是需要孩子对生活充满兴趣。在我的观察中，孩子年级越高，生活半径越小，逐渐变成学校、辅导班、家这样的三点一线。孩子对周围的世界完全失去了了解和探索的欲望，然而我们又会发现，这个世界一直被一群充满探索激情的人引领着、改变着。

如果孩子对与自己息息相关的生活都熟视无睹，更遑论对构建生活的一切知识产生兴趣呢？阅读生活，本身就是在构建知识。比如我们可以和孩子交流告示栏上的内容，在家里添了新物件时一起阅读说明书，和孩子一起探讨报纸上读到的有趣的事，出去吃饭时一起研究菜单……而这些，都属于知识类读物的研究范畴。

在这个过程中，孩子已然在阅读信息、解码信息，在提出问题，在思考整合，既在为乐趣而阅读世界，也在锻炼他们的思考能力。

当我们把阅读知识类读物融入生活，当我们向孩子展示着我们事实上时时刻刻都在"呼吸"着文字，那么孩子便也会朝着这个方向生长成热爱生活、热爱世界的读者。

第二章

从阅读到理解，培养孩子的"解码"能力

会阅读的孩子，大脑应该有个"百宝箱"

在同一个阅读小组，孩子们的阅读能力通常是参差不齐的。作为"读写教练"，需要去观察不同孩子的"卡点"，清除他们阅读路上的障碍，才能帮助他们在优秀的阅读者路上迈进。

然而这个过程有快有慢，甚至发现孩子的"卡点"本身，就需要一个过程。这不仅考验我们本身是否对阅读这项复杂的技能有充实的"技术储备"，同时也考验我们对孩子是否有足够的观察和了解。

我时常和孩子们聊什么是"阅读"。事实上，他们如何看待阅读，恰恰是他们目前阅读经验的起点。

有的孩子说，阅读就是认字；有的孩子说，阅读是享受作者写的故事；有的孩子说，阅读就是理解，就像我们每天都要做阅读理解题一样；还有的孩子说，阅读就是我的避难所。这个孩子只有四年级，她说她不知道毛姆，我夸赞她，说出了和英国作家毛姆一样经典的名句。

这四种回答恰恰代表了孩子对于阅读的不同认识。

在学龄期，能够体会到阅读是精神的避难所这一层面的孩子微乎其微，然而培养终身阅读者，其中令人向往的部分，不就是有一天，书籍可以安慰到他们的灵魂吗？

在工作坊的课程结构设计中，我需要确定，到底哪些是阅读中必须要教的，是可以令孩子们的理解能力实现动态迁移的，不仅仅是理解一篇文章、一个故事，还可以迁移到生活和学习的方方面面。毕竟不只语文，每一门学科都依赖于理解阅读。除了学业，我们构建良好的人际关系也依赖于理解。除了人际关系，我们构建一个完整的自我，更加需要理解。那么究竟怎样做，才可以帮助孩子更好地理解呢？

在研究了市面上可以搜罗的国内外读写教育领域的相关学术作品后，我发现，在阅读教育中，有一件全球优秀的读写老师都在做的事，便是"帮助孩子成为策略型的读者"。原来孩子是否可以成长为终身阅读者，关键就在于，他们的大脑中是否储备有一套成熟阅读者普遍会使用的"阅读策略"。

成熟阅读者都会使用的阅读策略

总的来说，阅读策略就是为了达到阅读目标所采取的一系列阅读方法和技巧。

但这样抽象的概念，只会让孩子觉得，自己需要学习的是一系列的方法和技巧。阅读的过程当然不会仅限于此。策略是什么？我认为策略是我们综合使用不同方法和工具的能力。

孩子们大多数有玩乐高或者堆积木的经历，他们也看过城市里大楼平地起的过程。那么要盖起那么高的楼房，建筑工人是怎么做到的呢？他们需要的是"脚手架"。

阅读也是如此，我们从简单的书目，逐渐过渡到有难度的、寓意深刻的、叙事手法丰富的文本，也需要一些"脚手架"，帮助我们可以去攀爬更高的阅读高峰。

"就像爬山需要登山杖，我爸爸喜欢爬山。"

"就像刚开始学游泳的时候，我妈妈给我买了游泳圈，学会了之后，我就不再需要游泳圈了。"

孩子们最擅长和自己的生活建立联系，来理解抽象的事物。我把阅读策略，称为大脑中的"百宝箱"。

我告诉他们，一个优秀的阅读者，打开一本书，有时就像去爬山。不知道这座山是连绵起伏危险重重，还是根本它就不是山，而是一马平川。不管如何，我们需要知道，当面对困难时，我们可以怎样攻克它。但是克服困难，也是需要智慧的，也是需要借助一些必要的工具的。在阅读中，我们把判断自己需要使用什么工具或者方法达成理解，称为"阅读策略"。

国际通用的阅读策略，基本上都是以20世纪70年代密歇根大学教授大卫·皮尔森的"熟练阅读者"研究为基础。他通过大量的样本分析，对儿童的学习模式、思考模式和理解模式进行了非常深入的研究分析，发现善于阅读的人，熟练的阅读者，都会使用以下策略。

策略一：构建感官图像。对此，不同的阅读专家，有不同的叫法，像加拿大的读写专家阿德丽安·吉尔就称之为图像化能力。但无论怎么称呼，核心意思都是，熟练的阅读者会在阅读的时候，动用多种感官，也就是视觉、听觉、嗅觉等，在脑海中将抽象的文字，转化为具象的画面。

策略二：联结。所谓联结，就是熟练的读者，会在阅读的时候，调取已有的背景知识和个人经验，加深对文本的理解。在我们的语文学习中，时常会出现"请联系生活，说说你的看法"。事实上这个题目背后，需要运用到的核心能力就是"联结"，或者说调取自己的背景知识和丰富经验的能力。

策略三：提问。一个善于阅读的读者，会在阅读前、阅读中、阅读后提出问题。提问可以帮助读者更好地融入到文本中，更准确地了解信息和内容，更深刻地理解文本的含义。

策略四：推论。善于阅读的读者，常常会一边阅读一边进行推测，作者的意图是什么、角色的动机是什么，等等，从而发现文本的要点和主旨是什么。

策略五：筛选重要信息。善于阅读的读者，可以根据自己的阅读目标，决定何为重要信息，避免陷于文本中形形色色的细节泥淖。

策略六：整合信息。熟练的读者，会一边默默地阅读一边整合所读的内容，这个策略需要读者筛选出重要的信息，通过分析和整合，找出文本的中心思想。

策略七：自我监控理解与否。即便是一个成熟的读者，也不意味着可以读懂所有的文章。与一般的读者相比，善于阅读的读者，更善于运用相应的方法解决问题，在他们眼中，从艰深难懂的段落或文本中读出深刻的意义，恰恰是一种挑战。

用阅读策略培养孩子的"元认知思维"

一个熟练的木工，在完成一个作品的时候，一定知道自己需要什么样的工具。一个杰出的画家，也一定知道如何使用线条、明暗、色调。一个登山者、一个建筑师，无论是哪个领域，都有那个领域专属的工具和技能。那么如果希望孩子成为一名优秀的阅读者，我们就需要从小教会他相应的阅读策略，将孩子培养成"策略型的读者"。

将孩子培养成"策略型的读者"，首先需要让孩子知道"工具"的存在，其次需要让孩子熟悉每种工具的使用场景和用法，而最需要反复实践的，是对不同工具的灵活组合。每当阅读遇到困境，需要使用怎样的策略帮助自己"通关"，便是熟练阅读者都会做的事情。

因此，阅读策略既是思考的工具，也是在阅读中从自己的"大脑百宝箱"中迅速匹配相应策略，解决自己在理解中遇到的问题的过程，其本身也就构建了思考本身。

为了提醒孩子们在阅读中保持思考，我时常会打一个比方。我会说，我们的大脑就像一座房子，很多时候，这座房子是黑漆漆的，但是当我们思考的时候，就会给这座房子"发电"，点亮大脑中的小灯泡，这时候孩子们的眼睛就会炯炯有神。

作为一个善于观察孩子的大人，其实可以轻而易举地判断出哪些孩子的小脑袋正在发电——思考，而哪些孩子正困顿于无聊之中。而当他们思考的开关没有打开时，也是缺少阅读策略的时候，便是我们教授阅读策略最好的时机。

我们可以向孩子示范，我们在阅读进入死胡同时会怎么办？

比如，我会先告诉孩子，任何一个读者，包括我这样一个大龄读者，也不是对所有的书籍都充满了阅读的信心，我也会遇到在阅读中有不认识的字，不理解的句子，或者读着读着跑神去想别的情况，但是，我会使用一些策略来帮助自己。

当我遇到不理解的字词时，我会意识到自己的不理解，并停下来，根据前文的信息进行推测，或者在不影响大体理解的前提下，接着往后读。如果读到一个自然段结束，我依然无法理解，我可能会停下来去查查字典，或者用电子设备去搜索。（推测、自我监控理解与否）

当我在阅读一本充满悬念的文本时，面对作者埋下的伏笔，我通常会一边阅读一边提问、一边推测，主人公这样做，会引来什么后果？他会被大家误会吗？（提问、推测）

作者的经历让我想到了什么？和我自己的哪些经历感受很相似？我身边有类似的事情吗？我还在哪些作品里看到类似的观点？（联结）

阅读的时候，我仿佛就在文本里，和主人公待在一起，仿佛看到他正陷入挣扎，风吹在他的脸上，周围的空气很紧张，我替他紧紧捏了一把汗。（构建感官图像）

作者描写了许多细节，这些都是重点吗？还是为了说明某件事的动机和结果而做的铺垫？他想告诉我的究竟是什么？他想告诉我的观点究竟是什么？（筛选重要信息、整合信息）

当我们专注于使用策略的时候，实际上就是在专注地进行思考。

在认知领域，我们都知道，要培养孩子的"元认知思维"，元认知就是关于思考本身的思考，不仅仅是思考什么，还要知道怎样思考。如果教育的目的是让孩子学会"如何学习"，那阅读的目的就是学会"怎样阅读"以及"如何在阅读中思考"。帮助孩子成为"策略型读者"，也是在帮助孩子形成"元认知思维"。

如何判断孩子读懂了？让他在头脑里放一场"小电影"

在《查理与巧克力工厂》的读写工作坊阅读《查理与巧克力工厂》这本书时，我和孩子们玩了一个小游戏。我邀请孩子们每人分享一个自己最喜欢的情节，并说明自己分享这个情节的原因。然后大家一起投票评选出大家最喜欢的情节。

孩子们分享的情节包括：

（1）威利旺卡先生为印度王子盖了一座巧克力城堡，结果在烈日下，城堡化了，印度王子在巧克力湖泊里游泳。理由是，想象一个穿着印度服装的王子，在巧克力湖里挣扎，变成巧克力人的样子时，实在是太搞笑了。

（2）奥古斯塔斯在参观时禁不住巧克力的诱惑而违规，掉进河里并被玻璃管吸走。理由是一想到又圆又胖的他挤在玻璃管道中的样子就觉得好玩。

（3）查理一家人每天晚上都凑在一起讲故事的情节，让人觉得很温馨，虽然贫穷但是很有爱。

（4）旺卡先生乘着升降机从天而降，这个场面太刺激了。

……

很显然，孩子们在分享的这些情节，如果拍成电影，都是非常吸引人的场面。当他们能够清晰地用自己的语言和感受描述这些情节时，我就可以知道，他们至少读懂了他们描述出来的文本。

他们在阅读的时候，并非像坐在一间黑洞洞的电影院，他们头脑的影院中正在上映着无数的画面。

在这个过程中，他们其实已经自然而然地使用了一种阅读策略，这便是构建感官图像，也叫作图像化的能力，并结合自己的想象，融入了自己的理解和感受。

然而并不是所有的孩子都可以在任何文本中自然地调动自己的感官，构建感官图像不仅是一种思维能力，也是一种想象能力。

在头脑中放一场小电影，可以帮助孩子更好地理解文本

为什么让孩子在头脑中放一场小电影就可以更好地理解文本？因为这个过程中，孩子需要用自己的多重感官来处理文字，动用他们的视觉、听觉、嗅觉、味觉、触觉和内心的情感，和文本进行深入互动。这是孩子头脑中的一场看不见的创造性行为。越是喜欢阅读的孩子，越是善于将读到的文字图像化。

如果孩子在阅读的时候，发现自己头脑中的某些地方断片儿了，无法再继续清晰地构建感官图像了，那就证明，孩子遇到了难以理解的部分。

在五年级的孩子们读《海底两万里》时，有的孩子说，他们会遇到难以理解的部分。《海底两万里》是一部科幻小说，因为文本里有许多科幻因素，陌生的地理名词，对于还没有建立这些背景知识储备的孩子来说，理解起来实际上会有难度。但是如果通过图像化和想象，理解具体的场景和人物就更容易了。

以这段文字为例。

我们气喘吁吁，胆战心惊，震惊让我们既说不出话来，也难以动弹。这野兽玩儿似的就拽上了我们，它绕着航速十几节的舰船转圈，用闪闪发光的粉尘般的电雾将舰船裹住。然后游到两三海里远的地方，留下一道磷光轨迹，犹如轰隆的列车将蒸腾的蒸汽往后抛去。猛然间，那怪物从漆黑的地平线处以惊人的速度向"亚伯拉罕·林肯"号冲了过来，在距舰船二十英尺的地方倏然停住，光影全息，但并未沉入海中，它的光亮并非逐次暗淡，而是突然熄灭，仿佛璀璨如昼的光源霎时枯竭！之后，它又重新出现在船的另一侧，或许是绕过去的，或许是贴着船身滑过去的。若是碰撞，就会相当致命。

这段文字真实生动地描述了主人公的舰船第一次遇到"鹦鹉螺"号潜艇的情形。在此之前，他们还是茫无目的地在海上搜寻，处在对这个不明事物的诸多揣测之中。所以这个部分，关键事物的出现，其实非常重要。如果拍在电影里，导演应该会使用慢镜头，拍出关键人物尼莫船长驾驶的"鹦鹉螺号"潜艇出现的情形，以及面对这个陌生的庞然大物时主人公所带领的一帮人的惊心动魄。

我让几个五年级的孩子在脑海中将这些文字想象成画面，尝试把自己当成导演，想象一下自己会如何拍出这幅画面。

有个孩子说，她仿佛看到夜晚平静的大海上，一艘巨大的舰船在缓慢地航行。突然从海底冒出一个庞然大物，可能是一头鲸鱼，绕着船转圈。奇怪的是，不知道为什么鲸鱼会发光。转完圈后，鲸鱼又突然向舰船冲过来，仿佛要撞翻它一样，就像我在学校走廊上好好走着，一个男生加速冲过来的感觉。还好，它突然停住了，又沉入了海底。我在脑海里还想象了光亮突然熄灭的场景。但是这与鲸鱼的特征不符，所以我推测，可能主人公之前的推测是错的，这不是鲸鱼，而是其他什么不明物体。

而有的孩子说，在阅读的时候，并没有刻意停下来想象画面，只是大概知道在文中的这个部分，"鹦鹉螺"号潜艇出现了。所以他并没有读出其中挑衅的意味，就快速地跳过了。

如果说这一段文字的描写，只是为了让读者知道"鹦鹉螺"号出现了，那作者儒勒·凡尔纳实在不需要花费这么多笔墨，还使用了"粉尘般的电雾""轰隆列车将蒸腾的蒸汽往后抛去""璀璨如昼的光源"这些形象的比喻，为的就是将读者邀请进当时动人心魄的情境。

而善于构建感官图像的那个孩子，在想象的时候，还联系了自己生活中的经验，"就像我在学校走廊上好好走着，一个男生加速冲过来的感觉"。这个经历也帮她更好地体会到了文本中微妙的意味，为阅读增添了更多乐趣。

帮助孩子锻炼图像化思维能力的方法

1. 利用一段生动的文字进行图像化训练

为了让孩子们感受到构建感官图像的乐趣，有时候我会即兴编一些无厘头的故事，让孩子们闭上眼睛，专注地在头脑中想象画面，看一场"头脑中的电影"。

在一个夜黑风高的夜晚，风呼呼地敲打着玻璃窗。xx（其中的一位同学）突然从睡梦中醒来，他揉了揉惺忪的睡眼，看了看时间，才凌晨两点半。他打算再次躺下，这时，窗户突然发出"咚咚咚"的响声（我看到孩子们的肢体动作变得稍稍紧张起来）。"咚咚咚"，这声音越来越急促，但是xx看向窗户，窗户上什么也没有。除非是有一个隐形人在敲窗户。"咚咚咚"，声音更大了。一个声音响起来："快打开窗户，我是哈利·波特。"xx半信半疑地带着好奇打开了窗户，一阵风从他脸上扑过，他赶紧关上窗户，当他一转身，哇塞，哈利·波特居然真地站在他身后……

好，大家睁开眼睛，刚才有在头脑中放电影的小朋友举个手。孩子们纷纷举起手来。事实上，不一定要即兴地编这么一个无厘头的故事，这只是一个前奏。后面我就会用书中的一些精彩片段来让孩子们进行"图像创作"。

我请他们将阅读时，头脑中"看"到的画面画下来。有时候我们也进行表演。比如看到"哈利·波特"在自己家时，xx的表情是什么样的，他第一句话会说什么，他的肢体动作会怎样？孩子们的创造力着实会令人吃惊。

2. 以解说的形式向孩子展示图像化的过程

有一些文本，图像化起来并不是那么容易。那么，就需要我们向孩子示范我们是如何图像化的，也就是将我们的图像化过程展示在孩子面前。

在和二年级的小朋友阅读诺贝尔文学奖得主阿纳托尔·法郎士写给孩子们的童话《蜜蜂公主》时，一开始的场景描写就会让人迷糊。我便向孩子们展示了我作为一个读者的思维过程。

今天被大海覆盖的地方，过去曾经是克拉瑞德公爵的领地。

读到这句话的时候，我在脑海里想象出一片大海。大海很平静，海浪轻轻地拍打着沙滩。蓝色的海水，给人一种很宁静的感觉。但是以前，这里没有海。这里是克拉瑞德公爵的领地。公爵的领地，一定是很壮观的。

那里的村庄和城堡已经杳无踪迹，但是据说在天气晴朗的时候，从一里地之外望过去，还能看见一棵棵粗壮的大树立在水底。海边有一个地方，现在是海关，但是名字还叫作裁缝铺。

现在，我在我的头脑里继续想象画面，我想象着，我在一个天气晴朗的日子，站在离海面一里地以外的地方，看见了海底立着的一棵大树，这棵树很粗壮，树上绿油油的叶子随着海水摆动，树在水底，像被关在镜子里一样。我看见了牌子上写着裁缝铺几个字的海关。

帮助我图像化的，常常是一些描述性的词语，一些形容颜色的、形容质感的词语，还有一些动词。

我在读到描写风景的片段，描写动作的片段，描写人物外貌的片段，或者一些我无法理解的片段，我常常在大脑里使用这种"把文字变成图像在脑海里放电影"的阅读策略。

这时候，我会问孩子们，他们在阅读中"看"到了什么，闻到了什么，听到了什么，感觉到了什么。通过转换角色，让他们继续图像化，将他们头脑中应接不暇的画面展示给大家。有时也会以策略单的形式，让孩子们将头脑中图像化的画面画下来。

3.图像化批注可以帮助孩子读懂非虚构文本

许多孩子对于非虚构类的文本兴趣寥寥。在五年的跟踪中，事实上对非虚构文本主动产生阅读兴趣的孩子特别少，他们的反馈是，内容太枯燥，读不懂。如果让他们自由选择，非虚构类的书可能他们永远都不会碰。但事实上，非虚构类的文本，本质上也是由无数的事实组成的。

如果在阅读的过程中，尝试将作者陈述的事实性信息进行图像化处理，在大脑中具象地呈现出来，那么便可以抓住文章的重点。

比如我们可以让孩子做"涂鸦笔记"。涂鸦笔记就是用涂鸦的方式将自己看到的或者听到的关键信息或者思考呈现出来。

这个过程事实上就是将二维的信息转化为三维。书中的文字、图片或者图标都是用来展示事实的。图像化就是借助于感官，视觉、嗅觉、听觉等来让书中的内容变得更真实。

比如在阅读法布尔的《昆虫记》时，以《灰蝗虫》中的一段为例。

蝗虫中央部位血液在一涌一退地流动着。血液涌上时宛如液压打桩机一般一上一下地撞击着。血液的这种撞击，机体集中精力产生的这种喷射，使得外皮终于沿着因生命的精确预见而准备好的一条阻力最小的细线裂开。

这是描述幼虫蜕皮的第一步。我会问孩子们，你们看到了什么？哪些词语可以着重帮助你去理解。然后让他们以涂鸦的形式画出来。他们会画出蝗虫的身体，标注出"血液一涌一退""裂开"等关键词。

这种让信息在大脑中成像的方式，可以帮助孩子抓住文章的要点。

4.图像化思维可以帮助孩子更好地写作

不仅在阅读中，在写作中，图像化的思维能力也会让孩子如虎添翼。

首先，一个善于图像化的孩子，也善于进行丰富的联想。在我写小说的时候，我时常会在头脑中想象主人公的样子、表情、肢体动作，包括身处的环境等，然后将这些头脑中的画面付诸纸上。在没有研究读写策略之前，我以为这只是我自己个人化的构想方式。

国外的创意读写课上，老师会让孩子们利用"故事背景板"来创造故事。故事背景板，事实上就是一个图像化的创作过程。将人物放在不同的场景中，再将场景串联起来。这样孩子的头脑中，就是一幅幅画面的衔接，而他只需要将头脑中的画面用文字叙述出来。

其次，一个善于图像化的孩子，会更具有想象力。加拿大著名的读写导师阿德丽安·吉尔认为，图像化是想象的亲姐妹，当我们运用想象力时，图像创造的来源乃是我们的内心；而当我们做图像化时，图像创造的来源是文本。

激发孩子的图像意识，就是激发想象的意识。善于图像化，也会善于想象。

读不懂时怎么办？让孩子学会边读边提问

在做读写工作坊的五年中，看着一些孩子逐渐长大，会有一种明显的感受，小时候的"问题大王"，渐渐地变成"正确小孩"。在每周一次的工作坊中，我需要提醒他们，嘿，小读者们，在这里，没有正确答案，你们需要把自己变成"提问的勇士"，否则他们似乎更愿意等待老师把知识打包，直接倒进他们的脑袋。

每一个渴望更进一步触及真相的人，都明白一个道理——提问比回答问题更重要。但是，在长期需要提供正确答案的环境里，孩子们变得越来越害怕出错，谨小慎微，思维的橡皮筋也越拉越紧。

记得看过一位专家关于对中西教育区别的分享，他说："中国衡量教育成功的标准是：将有问题的学生教育成没有问题的。所以中国学生年龄越大，年级越高，问题越少；西方衡量教育成功的标准是：将没有问题的学生教育得有问题，如果学生提出的问题老师都回答不了，那算非常成功，所以学生年级越高，越有创意，越会突发奇想。"

传统的教育环境，似乎对发展孩子们的提问精神丝毫没有裨益。因为仅仅以分数为至高的评价标准时，对孩子的容错率就会越来越低，那么孩子也会根深蒂固地接纳这种"单一结论性"的评价体系——在他们成长的世界里，一切以提供正确答案为标准。

长期依赖正确答案，结果就是孩子很怕提问，总是聚焦给出正确答案来逆向思考，很怕出错。长期下来，就会形成思维窄化、思维固着。我们会发现，随着年级的增加，孩子的"好奇心"就越少，问题也越来越少。长此以往，很难形成对自己价值的多元评价，也会缺少批判性思维和创造性思维，而这恰恰是每个孩子都应该具备的核心素养。

仔细想想，当我们不停灌输给孩子正确答案时，事实上推动这个世界进步的所有思想、所有发明、所有成就，都是通过不断提问、不断探索、不断验证而产生的。

特别是在信息化社会，当信息像潮水一样涌进我们的大脑时，像海绵一样吸收知识固然重要，然而更重要的是像淘金者一样，知道如何披沙拣金，通过不断提问和思考，得到真正有价值的答案。

边阅读边提问，可以帮助孩子澄清疑惑

我时常跟孩子们说，如果我们在阅读前、阅读中和阅读后，都没有对一本书产生任何问题，那么这可能就相当于我们逛完了历史博物馆，出来却依然一无所知。

有的孩子担心提问会被嘲笑，会暴露自己的愚蠢，所以他们宁可不发一言。有的孩子即便在阅读中困难重重，被困在理解的沼泽，也不愿意停下来问问自己，我被文本的哪个地方卡住了。有的孩子走马观花地读完一本书，却对作者写这样一本书表示无法理解，如果他能学会多问一句，作者究竟为什么要写这样一本书？或许他原有的想法就可能改变。

一个二年级的女孩，在自由阅读《兔子坡》时，一直停留在一个页面。我轻轻走向她，"你遇到什么困难了吗？"她指了指"间谍"两个字，说："我不太理解这个词的意思，我也不会读。"我坐在她旁边，告诉她，下次遇到这样的情况，可以在旁边做上批注，打个小小的问号。然后可以接着往后读，也许通过后文的描述，你可以推测出这个词的意思。你也可以停下来，去查字典，或者问问老师和同学。

我们当然可以直接告诉孩子什么是间谍，但更重要的是，孩子需要意识到，在阅读中遇到困难、遇到不解是非常正常的事情。即便我们成年读者，谁又可以保证自己能够读懂任何难度的书。我们只是比孩子拥有更多策略和方法，来帮助自己去理解。

除了不理解的字词，还有不理解的句子、不理解的观点、不理解的动机、不理解的情节……而在阅读中的提问，实际上就是我们对自己阅读情况的自主监控，即便是一二年级的孩子，他们也可以形成一种"自我监控"的意识，那就是留意自己不理解的地方，通过不断提问，去厘清头脑中的疑惑，去和文本进行更深层次的互动。

边阅读边提问，可以激发阅读的好奇心

我们如果要让孩子读得更好，就需要帮助他们学会在阅读时，问对问题，从而和文本产生更加深层的互动。

比如在阅读《夏洛的网》之前，我将孩子们分成两个小组，让他们观察封面、封底、前勒口和后勒口，带着对这本书的好奇，分别在纸上列出一些问题，这些问题将成为我们一起探讨的部分。

为了问出高质量的问题，小组成员积极探讨，最终两个小组呈现了以下问题。

A组	B组
这本书的作者是谁？	这本书写于什么时候？
他为什么要写这本书？	E·B·怀特还活着吗？他和罗尔德·达尔谁更厉害？
这本书的主角是威尔伯还是夏洛？	作者写这本书想告诉我们什么？
这个故事想告诉我们些什么？	夏洛是怎么死的？
这个故事对我来说有什么意义？	夏洛为什么要救威尔伯？
前勒口的故事梗概里说夏洛的命运走到了尽头，我想知道它到底怎么了？	作者为什么要用一只猪和一只蜘蛛来写故事？
这本书是讲友谊的吗？	我想知道一只蜘蛛究竟是怎么救了一只猪的？

我将这些问题汇总在一起放在黑板上。这些问题就会像火把一样，照亮孩子们阅读的道路。

这些问题会激发孩子们的好奇心，让他们带着问题驱动去阅读，会引领他们去更好地理解文本。

丹尼尔·平克在《驱动力》中说:"如果我们在工作单位、学校和家长中有良好的表现和令人满意的业绩,那么秘诀一定来自我们的内在需求。这种内在需求为我们的人生指明方向,鼓励我们孜孜不倦地学习并创造新事物,引导我们持续不断地自我提升,让世界变得越来越美好。"

而向自己提问,便是帮助孩子找到阅读一本书的驱动力,引导他们去满足自己的好奇心。

学会提问,是追求深刻理解的起点

不仅仅在阅读前,在阅读中和阅读后,都需要帮扶孩子,持续将"提问的火把"点亮。

《夏洛的网》第三章是很有意思的一个章节。小猪威尔伯因为孤独,想要逃跑。孩子们通过阅读,很容易知道这个章节讲了什么。他们也可以很好地复述内容:小猪威尔伯因为孤独,想要逃跑,谷仓的小伙伴都为他加油,但是威尔伯却因为区区一盆泔脚的引诱自己回到了谷仓。

在故事倒数第二章,夏洛的生命即将结束,威尔伯为了保住夏洛的卵袋,它请求老鼠坦普尔顿帮忙,为了说服这只老鼠,它保证以后的食物都让它先吃、先挑,"在你吃够之前,我绝不碰食物"。

这两个章节都有写到威尔伯对食物的态度。从为了一盆泔脚主动放弃自由,到为了夏洛主动放弃食物。

如果只关注情节,那么可能很难发现这两个情节之间的呼应。

教孩子们解读文本,实际上就是教他们通过向自己提问,来更加精细地深刻地理解文本的内涵、意蕴。

小猪威尔伯为什么觉得孤独?

作者为什么要写它的孤独?

威尔伯为什么抵抗不了一盆泔脚的诱惑?

作为一只差点被杀死的落脚猪,自由对它重要吗?

当得知夏洛命不久矣,它做出了哪些选择?

它发生了哪些变化?

这些变化体现出了什么?

作者想通过它的变化表达什么样的观点?

当孩子们聚焦这些问题开始思考的时候,他们就能体会到,作者在情节上的前后呼应和独具匠心,也更能体会到故事的另一个层面。

夏洛带给威尔伯的成长是无穷的。不仅仅是让威尔伯有了价值,因为价值而能够一直生存下去。威尔伯自身其实也成长了,从对食物的态度就可见一斑。这种成长是主动的,是它为夏洛自觉做出的选择。

帮助孩子学会提问,也是帮助孩子成为能够深度理解文本的阅读者。而每一个独立的读者,也都应该拥有对文本进行个性化解读的权利。

提出高质量问题,帮助孩子形成批判性思维

什么是批判性思维,简单地说,批判性思维是改善思考的思考。

如果希望孩子拥有批判性思维的能力,那么就需要帮助他们逐渐形成"淘金式思维"。

在尼尔·布朗的《学会提问》中,提到两种思维方式,一种是海绵式思维,一种是淘金式思维。"海绵式思维",顾名思义,就是充分地吸收知识,就像海绵吸收水分一样。这种思维方式的好处:一是能够吸收足够的外部信息,奠定思考的基础;二是不需要绞尽脑汁,就可以让自己充满思想。缺点是这种思维方式不提供判断信息的方法。如果长期依赖这种方式,"那我们的大脑就会成为别人思想的跑马场"。

另一种思维模式是"淘金式思维",这种思维就需要我们不断向作者提问,做出选择和判断。所谓"尽信书不如无书",这种思维需要我们去与文本互动,去和作者辩驳,从而得出自己的判断,形成自己的价值。

帮助孩子学习提出高质量问题的过程,实际上就是锻炼孩子的批判性思维的过程。

怎样帮助孩子提出高质量的问题?

有一个非常重要的观点是，孩子必须在深刻理解文本的基础上，才能提出可靠的批判性问题。

布鲁姆的《教育目标分类法》（1984）影响着许多课堂问题的架构，他将认知分为六个要素：知识、理解、应用、分析、综合、评价。

而在我们的《义务教育语文课程标准》（2022年版）中，其实也划分了三个学习任务层级，即基础型、发展型和拓展型。基础型指的是语言文字的积累与梳理，发展型包含了三个层面，一是实用型阅读与交流，二是文学阅读与创意表达，三是思辨型阅读和表达，而第三个层级便是整本书阅读和跨学科学习。

如果将这两者对应起来的话，可以形成这样一个表格。

层级	教育目标分类法	义务教育语文课程标准
第一层级	知识与理解	语言文字的积累与梳理
第二层级	应用和分析	实用性阅读与交流 文学阅读与创意表达 思辨型阅读和表达
第三层级	综合和评价	整本书阅读 跨学科学习

如果对应着比较一下的话，会发现第一个层级最简单，不需要孩子过多的思考，主要依靠孩子的记忆和梳理。

第二个层级就需要考验孩子处理信息的能力，及在实际场景中的迁移技能。

第三个层级就是最高层次的要求，是一种综合性的智力活动。需要孩子进行更为复杂的、主动的、创造性的思考和输出。

将布鲁姆的分类法运用到提问中，我们可以逐级地帮助孩子学习提问，从知识性、理解性的问题，到综合性、评价性的问题。

对于小学生来说，可以将问题层级简化，分成三种。

问题类型一（事实型）：答案就在文本中，孩子的问题通过阅读在文本中都可以找到。

问题类型二（推论型）：答案需要思考并根据已有的信息进行推测。

问题类型三（评价型）：需要完全靠自己来回答，需要和自己建立联系，需要用到自己的其他背景知识，并形成有理有据的观点。

在学习提问的阅读策略时，我会专门制作一个策略单，来帮助孩子掌握提问的背后逻辑，左边让孩子们写上书中引发他们思考的内容，右边写出自己提出的问题，并尝试回答自己的问题，以此来锻炼孩子们边阅读边提问的能力。在提问中，有对人物行为的思考，有对人物性格的分析，有对动机的挖掘，也有对主题的一次次触达。

怎样越读越聪明，让孩子做一名"书籍小侦探"

在一次阅读课上，我和五年级的孩子们共读《黑骏马》。当时课程进度已经进行到了探讨书籍的主题和对主题进行交流思辨的环节。在这本动物视角的小说里，黑骏马度过了艰难坎坷的一生，作者在文本中既非常直接地批判了人们对动物居高临下的所作所为，也把我们带入动物的角色中，去感受它们命运的曲折。

我问孩子们，你觉得作者为什么要写这本书？她写这本书是想告诉我们她的哪些观点？

大部分的孩子，都能结合文本的内容、作者的描述、自身的感受等说出相应的看法，比如要从动物的角度去考虑它们真正需要什么，要善待动物等。只有一个孩子说，作者呼吁我们不要吃马肉。

话音刚落，其他孩子哄堂大笑。这个孩子并非是一个擅长捣乱、故意以一个不合时宜的答案搅乱课堂的孩子，他诚恳的表情，让我意识到，他真的是这样想的。

当时我并不能意识到，是哪里出了问题。这个答案虽然也指向了爱护动物，但是却又偏离真正的主题。因为主题与吃不吃马肉毫不相关。

那么问题出在哪里呢？是同理心的缺失？是我们探讨文本时他的心不在焉？抑或是这个文本不适合他？

阅读教学是一个充满不确定的过程，我们只能在这个过程中，伴随着挫败，踽踽前行。

后来我才明白，一般出现这样的情况，是因为孩子在阅读的时候，仅仅只关注了故事的情节，他只是从故事的表面掠过，从文字的表面掠过，而没有将自己代入故事中，和文本进行更为深刻的互动，从而去深化自己的理解。

我们需要做的，就是教孩子成为一个"书籍小侦探"，引导他们在阅读时，能够超越作者文字所说的，学会关注深层的意思。

这个推理的过程，在阅读策略中，被称为推断。

推断是从已知的事实中进行理性的猜测

事实上在生活中，我们时常会进行推断。为了解释什么是推断，我和孩子们做了一个关于推断的小游戏。我说，假设你下午放学回到家，平时一进家门，家里饭菜飘香，或者欢声笑语，但是今天你回到家，家里的大门开着，你推门进去，家里一个人也没有，你会怎么想？

"我会想家里可能进贼了，我要不还是赶紧离开得好，万一贼还在那可太危险了。"一个平时非常活跃的孩子说道。

"我会想是不是爸爸妈妈吵架了，妈妈气走了，爸爸去找妈妈，忘记关门了。"很显然这个孩子结合了平时家里发生过的场景进行了推测。

"我估计是我家的猫跑了，我爸妈出去找猫去了。"这个孩子家里养着猫，所以他推断猫跑出去的可能性比较大。

推测的结论之所以各不相同，是因为孩子们都是基于自己的生活场景和背景知识进行的推断。推断未必总是正确，但在生活中，我们经常会用到这种思维方式。

当我们在高速公路上行驶时，前面发生了堵车，我们凭借经验推断前面可能发生了交通事故或者道路施工，如果是雨雪天气，我们会推断有可能是山体滑坡。当我们进门闻到天然气的味道，我们会马上去检查燃气灶是否关好，再去核查管道是否泄漏，当我们做出这些行动的时候，事实上我们的大脑已经快速地结合已有经验进行了推断。

如果不善于推断，不能将已有经验、背景知识和当下进行联结，可以说，我们的生活会寸步难行。

阅读中的推断能力是理解的核心

优秀的作家在写作时，出于种种原因，会"邀请"读者进行推断，而这种"邀请"的信号，却又不易察觉。

作者为什么要这么做呢？

首先，作者会省略一些他认为不太重要的信息，为了使他的文章读起来不那么繁复，不偏离真正想要表达的观点。一个优秀的作者在写作的时候，会进行非常复杂综合的思维活动。如果作者把每个读者都想象成三岁小孩，那么他要解释的可就太多了。

其次，作者也会假设读者可能已经知道某些知识，足以来填补他认为不重要的部分。并且，邀请读者进行推断，会增添阅读的乐趣，增添阅读的意义。我们读悬疑小说时，欲罢不能，常常也是因为作者不停邀请我们进行推断的缘故。

最后，作者为了让读者自己得出结论，会有意省略相关信息，而邀请读者自己结合相关背景知识去进行判断。毕竟把一个观点塞给读者，和让一个聪明的读者自己通过推断来认同作者的观点，后者更能令人信服。

可以说，推断是阅读理解的核心，也是批判性思维的第一步。

帮扶上路，让孩子成为推断专家

阅读不仅需要读出字面意思，更要读出字里行间的意味。如果我们仅仅只是告诉孩子，你需要在阅读的时候进行推断，推断就是联系上下文进行合理的推测，这相当于告诉一个从没有游过泳的孩子，你需要在游泳的时候保持呼吸和挥动双臂。

是不是觉得这样教孩子很夸张，相当于让孩子自己下水摸索。

然而在阅读教学中，如果涉及教授理解、教授思考，我们常常会这样居高临下地指导孩子，或者让孩子自己去领悟，或者我们高谈阔论说出许多我们对文本的解读，却缺少"亲自下水示范"这样的动作——作为一个成熟的读者，我们是如何超越文字表面的意思读出如此丰富的意味的，作者那些隐藏的观点是如何被我们发现的，我们又是如何进行推断和思考的？

在孩子面前成为一个懂得许多知识的"智者"很容易，然而在我看来，如果我们的目标是让孩子成为独立且优秀的阅读者，那么核心的部分，应该是帮助他们自己单独进行思维的体操，推断便是其中的关键动作之一。

1. 游戏导入，让孩子明白推断是理解的基石

在阅读中，我们需要识别人物的复杂情绪，否则极有可能偏离作者想要表达的主题。比如《黑骏马》中，有许多马儿之间的对话，控诉人类为了自己的需求，会给马儿套上勒马缰绳，为了炫耀，让马显得精神，会让马儿仰起高高的头颅。读者要通过对话和细节，来识别马儿的情绪。有的孩子可以感受到马的愤怒，有的孩子可以推论出马的无奈。但是也有孩子，对这些对话毫无感触。

能够感知情绪，是孩子情感发育中不可或缺的部分。这个部分，在阅读理解中，也是非常重要的因素。

对于幼儿园和小学生，我们可以用游戏让孩子识别情绪，并且练习初步的推论。

我们可以和孩子玩"我描述你推测"的游戏。我把一些表示情绪的词语做成卡片，然后挑选一个小孩，将卡片贴在他的背上，让他背对着其他同学。其他同学可以轮流给这个小孩一句话的提示。

比如当贴在孩子背上的词语是"沮丧"时，其他孩子会轮流这样描述：

"我妈妈和我说好了周末去公园，但是周末却下雨了，哎……"

"我参加作文竞赛得奖了，但只是优秀奖，一、二等奖都有奖杯和奖品，优秀奖只有一张奖状，哎……"

"我的好朋友马上就要搬到别的城市去了，可能以后都见不到了。"

孩子们联系自己的生活，说出了许多与这个情绪对应的场景。这个时候，再问那个背朝大家的孩子，你猜出背上的卡片写的是什么了吗？

他会根据自己的生活经验和感受，给出相应的答案。

类似的游戏还有很多，比如，我们经常玩的"猜字谜""猜谜语""猜角色"等，可能目标不是对应让孩子推断情绪，但是都能很好地锻炼孩子的逻辑思维和推断能力。

2.一边阅读一边佐证，帮助孩子读出字里行间的深意

推测和提问时常是最紧密联系的两个阅读策略。我们在阅读的时候提出问题，同时关注细节，进行推测，从而验证推断，对问题进行解惑。

在部编版三年级语文教材中，有"预测"的阅读策略单元。有孩子曾问我，预测和推断是不是一个意思。《阅读力》的作者阿德里安·吉尔认为，预测是推测的一种，读者可以往故事里去"填入"他们认为可能会发生的事情。但预测可能会发生的事情只是推测所涉及的一个部分，我们还需要进一步学习去"填入"那些文本里没有直接提及的内容。

所以预测一般指的是预测故事的情节发展、结局等，而推测则包括更多的层面，如人物的动机、人物的性格、故事的主题等。

在阅读前，我们可以带领孩子们观察封面、封底、前勒口、后勒口，通过观察推测关于这本书的内容或者主题。

我会和孩子们示范，我是如何进行推测的，在"阅读"封面、封底或者其他作者的引言、评价、书籍的奖项、故事梗概等图文信息时，我会在头脑中进行哪些联想。

比如，在和五年级的孩子研读美国作家路易斯·萨奇尔的小说《洞》时，孩子们注意到腰封上写着："这是一本高难度的书，它尊重你的智商，检验你的智商，挑战你的智商，要你绞尽脑汁找出一个个碎片之间的关联，你必须自己'填满这些洞'才能拼出一个完整的真相。"

这简直是练习推断的不二之书。因为这是一本"尊重、检验和挑战智商"的书，所以孩子们跃跃欲试，对阅读这本书也表现出极大的兴趣。

在阅读封面、封底和故事梗概的时候，我一边读一边示范我的推测。

翠湖营没有湖，它已经干了一百多年。现在，这里是专为坏孩子开设的训练营。我推测这个故事就发生在翠湖营，这可能是一个关于坏孩子怎样变得优秀的故事。我推测这本书的主题和"洞"有关，因为橘黄色的封面上，布满了黑色的洞。读了头两页，我发现主角斯坦里进入翠湖营进行"改造"，却是因为一个"误会"，而他却要无辜地挖一个又一个洞。我改变了最初的"预测"，我猜这可能是讲他在翠湖营如何为自己"找回清白"的故事。

推测会让读者把读一本书之前的一些想法，和阅读之后读到的内容进行比较，在这个过程中，会产生更多的设想，推测就像是火车厢之间的S形环扣，将我们的已知和未知进行联结，从而产生更多的认识。

在阅读的过程中，推测一直持续不断。可以说，一边推测一边佐证，是维持在整个阅读过程中的。

为了看到孩子们的"思维"，我会邀请他们把推测和作者写在策略单上。

事实	问题	推测
斯坦利挖出一根金色的细管子。他发现这个管子他妈妈有，管理员大人有，是用来装口红的，上面还写着KB	这根管子跟凯特·巴洛有关系吗？	KB是凯特·巴洛名字的缩写，很可能金色管子就是凯特·巴洛的。而在这里发现，可以推测出凯特·巴洛在这里生活过，这里也可能埋着她打劫来的宝藏
沃尔克去抓响尾蛇的时候，找萨姆要一点对付蜥蜴的汁，睡前、早晨、中午各喝一次	这两个情节都出现了蜥蜴，之间有没有联系呢？	我推测萨姆给沃尔克的就是洋葱汁，而斯坦利和零蛋就是因为吃了好几天洋葱，所以蜥蜴不咬它们
斯坦利、零蛋和蜥蜴待在一个洞里，但是蜥蜴竟然没有咬它们		
斯坦利因为一只从天而降的球鞋被少年法庭认为是小偷，球星的脚臭，而鳟鱼的脚也很臭	作者为什么要安排这个巧合？	我推测球星很可能就是鳟鱼的后代

提问和推测的过程，在大脑中时常是快速进行的。但是为了让孩子能够将思维的锻炼过程可视化，透过这个与文本进行深层互动，看到思考的

过程是如烟花一样绽放，对他们来说，这让他们能捕捉到更多的细节，产生阅读的兴趣，特别是当自己的推测得到佐证，我想任何一个阅读者都能体会到这种被彩蛋砸中的快乐。

善于在阅读中思考的孩子，也善于倾听内心的声音

苏格拉底说，上天赐人以两耳两目，但只有一口，欲使其多闻多见而少言。

倾听也是学习，甚至是学习基础的基础。

一个孩子在课堂上不能专注倾听，那么一堂课对他来说就是空白，老师只是可怜地唱了一台独角戏。如果不能倾听他人，无论是倾听同伴，还是倾听父母，他首先不太容易拥有良好的社交性，拥有长期的伙伴，他也无法很好地听取父母的建议。如果不能倾听自己，他便无法了解自己的情绪，无法自省，无法自洽，也就无法构建和谐平静的内在秩序。

曾有教育心理学家对人的一系列交往活动进行研究，结果发现在人们的各种交往方式中，听占45%，说占30%，读占16%，写占9%。

在阅读过程中也是如此。如果我们没有教会孩子，努力成为一个优秀的倾听者，那么我们其实很难教会他们理解，那么基于阅读的思考和写作都不可能发生。

学会倾听别人说话，是理解的第一步

在阅读工作坊，无论是多大年级的孩子，我会把"倾听"作为最重要的学习标准，因为它是一切读写学习的核心。

什么是倾听？孩子们会说，就是认真听老师讲课。

只听老师讲就够了吗？全场一片沉静。

大多数时候，孩子们似乎并没有深度去理解他人话语的意识。当我抛出一个问题时，他们关注自己是否会被叫起来，回答的问题是否正确，是

否可以得到我的赞许或者表扬。

然而他们不会关注其他同学的发言，或者即便关注，也看是否和自己的意见一致。他们不会去思考，其他同学的意见是站在什么角度，是否有我忽略的部分，有什么地方我们可以讨论一下。更多时候，他们表达的只是碎片化的、即时性的零星想法，而很难多角度地、整体性地去进行思考。

于是让孩子们学会彼此倾听，就显得尤为重要。在他们同时争抢着发表意见时，我会一脸茫然地望着他们，说，我的耳朵无法听到任何人的发言。他们随即安静下来，他们明白，我一次只能聆听一个人的发言。当一个孩子说出自己的观点，我不会以正确与否来回应，而是先邀请一个孩子，来复述这个同学的观点，再发表自己的见解。这样可以逐渐让他们学会倾听彼此，并且被同伴的思考影响。

然而在我和孩子们沟通时，我发现大部分孩子和家长之间的沟通，都是"任务式""命令式"的短浅对话。"作业写完了吗？""书读了吗？""考试成绩怎么样？"孩子在简短的回答后，不是回归到任务中，就是和电子产品为伴。

如果我们无法教会孩子在生活中做一个倾听者，又怎么可能让他们在文本中、在作者的叙述中、在人物的对话和情绪中，做出恰当的理解呢？阅读无法脱离孩子的实际生活。所以我们需要和孩子之间进行"互相倾听式"的对话，展开有意义的讨论。这样不仅在缔结更为深厚的亲子关系，也是在帮助孩子成为更好的读者。因为阅读，不仅是读文字，也是在读人、读世界。

倾听让孩子和作者进行对话，从而深刻地回应文本

英国散文家查尔斯·兰姆说："阅读是一种无声的对话。"

曾经有一个小孩，刚来到工作坊时，因为举手过于频繁，在我叫其他孩子时，她便会叹气，一副失望的表情。我希望她能够在深思熟虑后再举手，希望她能够学会真正地和书本进行对话后，再输出自己的想法。

她很可爱，聪明伶俐，她能说出许多她的感受、她的理解。但很多时候，她没有和作者真正对话过，她讲述的，都是她自己的生活和突发奇想的零星碎片。我鼓励她们联系生活，但也希望她们能"停下来，想一想，向前一步，多想一点"。

"仅仅如此吗？"我希望她可以学会"倾听"作者真实的声音。毕竟，"所谓理解，不就是倾听他人的话语、想法和故事，暂时抑制自己的想法，从而因为他人的思想，转变自己的思维，形成新的认知"。

在读《夏洛的网》倒数第二章时，夏洛的生命走到了尾声。为了救威尔伯，夏洛耗尽了生命。威尔伯问他："你为什么为我做这一切呢？"他说："我不配。我没有为你做过任何事情。"

我问孩子们，"你们觉得呢，夏洛救威尔伯值得吗？"

有的孩子因为只关注了情节，没有去留意夏洛的话，便直接根据自己的经验回答说，"不值得"。

"为什么呢？"

"我觉得它还有孩子，怎么能不管自己的孩子一味奉献呢？"

我将夏洛的回答读了出来。"这件事本身就是一件了不起的事。我为你结网，因为我喜欢你。再说，生命到底是什么啊？我们出生，我们活上一阵子，我们死去。一只蜘蛛，一生只忙着捕捉和吃苍蝇是毫无意义的，通过帮助你，也许可以提升一点我生命的价值。谁都知道，人活着该做一点有意义的事情。"

"这是谁的观点？在这个观点里，你听到了什么？"我继续追问。

"听到了意义，帮助威尔伯，提升了夏洛生命的价值。我想这既是夏洛的观点，也是作者的观点。"那个孩子回答说。

"那么现在，对于你刚才的观点，你有补充吗？"我们不是必须要赞同人物或者作者的观点，但是我们可以在这个观点之上，做出更有意义的思考。更重要的是，我们"倾听"了角色的声音，尊重了文本本身，我们才能对文本做出恰当的理解。

我告诉孩子们，把阅读想象成你与书本的对话，你需要积极地倾听，倾听人物的语言、内心，倾听作者的观点，当你感到困惑时，你需要停下来，思考人物和作者究竟想要表达什么。

"阅读事实上反映的是我们内在的认知参与。"

三个"倾听"，帮助孩子成为发自内心的阅读者

1.倾听大脑的声音，觉察思绪的偏离

走神几乎是阅读中不可避免的现象。即便是成熟的读者，也会因为各种各样的原因而在阅读中走神。比如背景知识匮乏，理解起来不那么顺畅，看着看着思绪就飘忽了；比如故事让自己产生了丰富的联想，就无法再回到文本了；比如文本太无聊、枯燥，看了两页就看不下去了；比如身体感觉太累，想睡觉，就是集中不了注意力……对于孩子来说，我们需要让他们知道，走神是再自然不过的事情。我们需要做的，是要意识到这种"走神"，从而把自己的注意力拉回来，或者使用相应的策略，让自己能够解决"大脑遇到的麻烦"。

倾听大脑的声音，事实上就是教孩子能够关注自己的大脑在阅读时出现的困难信号。

阅读时，我们的大脑会发出不同的声音，有时候是疑惑，有时候是赞叹，有时候是关联，有时候是想象，有时候是沮丧。

当我们有意识地去关注大脑发出的信号时，我们才是一个主动的阅读者，就是在监控自己的理解，也就是在形成"元认知思维"。

你还记得前面的内容吗？你能够复述吗？你的头脑中有在放小电影吗？你在持续向自己提问并进行回答吗？你记得书中所有角色的身份吗？

当遇到这些情况时，我们可以告诉孩子，你可以做自己大脑的顾问，告诉大脑该怎么做。

比如停下来，重读前面的内容；比如继续阅读，关注后面的内容是否可以解决前面的疑问。遇到一些概念令人疑惑，可以记录下来，进行查

阅。遇到人物复杂，无法记住人物身份，可以用思维导图画一个人物图谱。实在看不下去的书，也不必太勉强，换一本试试。

我们需要向孩子示范，我们是如何让大脑为我们服务的，是如何做到监控自己的理解的。

2.倾听作者的声音，留下思考的印记

前面讲过阅读就是和作者的对话。和作者的书面文字沟通的能力，实际上就是我们"解读文本"和"回应文本"的能力。

倾听作者的声音，但作者并不总是直白地发出自己的声音，作者的声音藏在哪里呢？

我和孩子们玩过一个"寻找作者的声音"的游戏。

在读《纳尼亚传奇》时，文中几个孩子避难的老房子属于一个老教授。当最小的妹妹露西把发现纳尼亚的事情告诉大家时，没有一个人相信。苏珊和彼得便去找老教授，因为他们不确定妹妹是不是疯了。而和妹妹一起进过纳尼亚世界的爱德蒙，却撒谎其没去过，这让露西被大家误会。

老教授没有告诉他们答案，而是反问他们，"你们怎么知道，你们妹妹说的故事不是真的？"

老教授教孩子们自己去思考，谁说的话比较可靠，爱德蒙还是露西？谁的品行更加诚实？

这里老教授很有趣。

"逻辑！"老教授半像自言自语地说："这些学校为什么不教学生逻辑呢？这件事只有三种可能：第一是你们妹妹说了谎；第二是她发了疯；第三是她说了真话。你们知道她向来不说谎，而情况很明显，她没有发疯。那么，按照目前的情况来看，除非有更进一步的证据出现，我们必须假设她说的都是对的。"

老教授带着孩子们上了一堂逻辑推理课。他不止一次地说，我真好奇那些学校都拿些什么东西来教孩子。

这里，你们读出了什么意味吗？作者通过老教授对孩子们的逻辑教育，想告诉你们点什么呢？

孩子们说：

"老教授可能在讽刺学校不教逻辑。"

"这让我们知道如何做出正确的判断。"

"他可能也在说，没有见过的事不一定不是真的。"

……

是的，恭喜孩子们，你们发现了作者的声音。那这些声音藏在哪里呢？

"人物的对话中。"

"人物的经历中。"

"人物的性格里也有。"

"很多很多的细节里。"

当孩子们找到了作者的声音，事实上，他们已经在解读文本和回应文本了。

3.倾听内心的声音，理解也要关联自己

阅读不仅是理解字面的意思，而是要和自己的生命体验进行对话，和灵魂进行交流。

事实上，即便在学校的阅读测试中，主观性的理解题型也越来越多了。因此，阅读能力实际上也包含着孩子的社会认知和情感认知。

如果孩子要理解一个人物的行为，他会结合自己的生活经验、生命体验。虽然说理解并不是简单地把文本和自己的经验进行配对，但结合自己的经历，再回到文本进行"共情"，才可以加深孩子的理解。毕竟，一个人看问题的角度，跟自身的经验是密不可分的。

比如要让孩子理解人物的感受。在《宝葫芦的秘密》中，我问孩子们，一开始拥有宝葫芦，王葆是什么心情，有的孩子说开心，有的孩子说兴奋。当宝葫芦给王葆的生活带来一系列的麻烦时，王葆的情绪逐渐变得复杂起来，有的孩子就会笼统地使用"很糟"或者"不开心"。

丹尼尔·西格尔在《全脑教养法》中指出，孩子经常不能表达出特定情绪的复杂性，其中一个原因是他们还没有学会成熟地看待自己的感受，即认识到情绪的多样性和丰富性。因此，他们简单地用非黑即白的方式来描绘自己的情绪图景，而不能反馈完整的情绪。

那么我们就需要帮助孩子，学会把模糊的词语转换为精确的用词，比如不开心，可以是"沮丧""失望""忧伤"，等等。

在能够识别多元复杂的情绪后，再去理解文本中人物的想法、感受，孩子才可能有精确的匹配，才能够结合经验对人物进行多元的解读。

我在工作坊中，也会和孩子渗透一些"倾听人物内心声音"的游戏。

比如，将表现人物心情的动作、神态、语言等挑选出来，让孩子们去进行推测。年级大一些的孩子，则需要在阅读时批注自己的倾听和思考。这种训练会逐渐让孩子更加擅长和文本互动，一个在阅读中和文本互动越频繁的孩子，阅读能力也会发展得越好。

筛选重要信息，是孩子读懂"中心思想"的关键

有家长说，有时候看着孩子在读书，也读得很认真，但是当你问他书里写了什么，他就支支吾吾，半天说不出来。当然我特别不支持孩子在阅读时家长总要"检视""提问"，作为读者不回答也是权利。但是也不得不承认，有时候孩子虽然读了，但确实无法抓住重点进行表述。

在阅读工作坊，我有时候会布置一些复述或者批注重点的任务，让孩子们在阅读的时候，练习抓住重点重述故事，或者对作者的主要观点和支持他观点的证据进行批注。但是即便高年级的孩子，面对稍微复杂的文本，也可能在复述的时候将重点和无关紧要的细节掺杂在一起，在批注的时候，几乎一整页都会画上横线或波浪线。

复述也好，批注也好，需要的底层能力都是筛选重要信息的能力和整合信息的能力。与此相关的还有，孩子在读题时不能识别关键信息，理解错误，造成失分。孩子在学校总是记不住老师的口头作业，每次家长都要在家长群里求助。孩子在阅读测试中，对于归纳中心思想的题目总是答不到分点上。家长经常将问题归结为孩子不认真，但事实上，这些都是孩子筛选和整合重要信息的能力未经训练的缘故。

筛选关键信息，需要学会带着目的阅读

在生活中，筛选关键信息的能力可谓关乎着我们判断力的高下，甚至关系着我们是否能够有效率地完成一个个目标。特别是在这样一个信息高速流动的时代，难的不是获取信息，而是在庞杂的信息中，如何筛选出重要的、有用的信息，来帮助我们做出正确的决策。

就以为孩子做教育决策来说。我接触的家长，有的会一股脑给孩子报许多班，甚至奥数班会直接报两个，觉得两个班可以互相补充，因为家长的目标是希望孩子可以通过某些选拔进入重点中学。家长获取了许多教育机构的信息，但是在这些信息中，哪些是真实有效的，哪些只是迎合家长的焦虑心理所做的渲染。目标不一样，我们所关注的信息就会有所不同。

比如我始终保持着"以终为始"的理念，而我认为的"终"是孩子的终身发展的可能性，而不仅是"中学"，所以我筛选的有效信息，是关于如何才能有利于孩子终身能力的发展，什么样的能力与未来社会才更匹配，当下的哪些选择是"即抛型"的，得不偿失的。在我平时的阅读中，无论是读书，还是阅读互联网信息，我都有一个清晰的判断标准，因为我的目标是确定的。

所以目标不一样，筛选信息的路径就不一样，得出的判断和决策也就大相径庭。生活中，我们实际上处处都扮演着"隐形读者"的身份，毕竟生活中的一切，都需要我们去"理解"。

在阅读中也是如此。带着目标阅读，可以让我们判断出哪些信息对于我们理解文章的核心观点是有效的，哪些只是作者为了让文章更有可读性而做的铺垫、渲染。

帮孩子学会确定阅读目标，也是培养策略性读者不可或缺的一步。比如有的孩子阅读是为了获取更多的背景知识，当他想更多地了解恐龙和恐龙生活的时代，他便会带着这个目标去阅读，去关注那些他尚不了解的知识。而有的孩子是为寻求一些问题的答案，他便会带着这个问题去寻找能够帮助他解决问题的关键部分。所以带着目标阅读，可以让我们有效地识别关键信息是哪些。

筛选关键信息，需要区分关键信息和有趣信息

很多人有过这样的经历：想了解一个故事的大意，结果讲故事的人说的全都是各种细节，你完全没有得到想要知道的重要信息。由于对方不分主次，让你觉得这个故事索然无味毫无兴趣。

在课堂上，孩子们往往会简单地根据文章的开头或者结尾作为整篇文章的意义所在。但这并不总是管用，因为不是所有的作者都会直抒胸臆，还有更多非虚构作品不会遵循这样的套路。

在阅读《诸神的踪迹》时，为了让孩子们能够深刻地了解一个人物，就需要引导他们关注发生在人物身上的关键事件。但一个优秀的作者，不会像"百度百科"一样，把人物的生平、事迹等罗列出来，这需要孩子们自己去筛选和整合。他们需要自己学着去判断和区分，哪些是重要的关键事件，对理解文本必不可少，哪些只是细节而已。

我引导孩子们在阅读的时候，关注人物的困境和解决困境的方式，关注人物的贡献，也就是他在历史上的闪光时刻。再以列清单的方式，将这些关键信息罗列出来。这便是锻炼他们"收集事实"的能力。

于是三年级的孩子们，一边阅读一边批注，再将事实用自己的话写在便利贴上。我把所有的便利贴贴在黑板上，大家一起讨论，一起分析，看看哪些是细节，哪些事实可以合并，最后再将这些事实整合起来，让孩子们进行复述。

对于高年级的孩子，FQR思维记录单可以有效地帮助孩子从海量的事实中筛选出关键信息。F代表事实，Q代表问题，R代表反馈。思维单不仅可以让孩子们筛选出关键信息，并且记录下自己的思考和对事实的想法，也就是反馈，有利于他们对更为宏大的历史问题做出更加深刻的解读。

事实	问题	反馈
神农发现了五谷，并让人们倚靠土地生活	为什么称神农为炎帝？	因为他善于用火
神农发明了耒耜、九眼井、陶器，让人们有了厨房，人们尊称他为"灶神"	这些都是他一个人发明的吗？	无法考证，也许炎帝代表了当时大众的智慧，大家只是把所有的发明都合在一个人身上了

续表

事实	问题	反馈
神农发明了用麻做衣服,让大家交换粮食和器物	他怎么想到这些的呢?	他可真是一个具有开拓创新能力的人啊
神农的三个女儿都死了,"精卫填海"就是他小女儿的故事	神农为什么要去尝百草?他的女儿们都不在了	他想对抗病痛和死亡。可以看出他的锲而不舍

筛选重要信息,需要关注文本结构的特点

筛选重要信息不仅在文学作品中,在阅读非虚构类文本时,这项能力更加重要。理解文本的结构,就相当于"窥视"作者是如何将信息组合在一起的,就像建筑师看房子,一眼就能明白,哪些是支撑房子结构的梁柱,哪些是用来将房间分割出不同功能的墙壁,即便梁柱和墙壁已经粉刷在了一起。那么,帮助孩子理解和掌握不同文本的结构,就能够增加他们对知识读物的理解,从而让他们能够记住更多重要的信息。

文学类的文本通常是由背景、人物、情节、问题、以人物解决问题的过程构成,有开端、发展、高潮和结局。

而非虚构类,包括说明、议论等,结构中会涉及描写、记叙、对比和比较、原因和结果、问题和解决等内部结构。

要确定文本的重点,就像玩一个寻宝游戏,我们需要教给孩子关注一些特定的部分。在很多非虚构作品中,会出现不同色彩或者字体的文字、大小不一的标题、插图和图表,以及注释,文章的开头和结尾揭示主题的关键句子、关键词等,这些都能成为孩子们"破解密码"的有力助手,是结构的一部分。

作者组织信息的结构也有利于帮助孩子们确定重点。比如,在说明类的文本中,作者会从不同的方面来描述人、事、物,那么我们就可以让孩子画网状的思维图将重点筛选出来。

比如,在需要阐述原因结果类的文本中,"之所以""是因为""因此"带有此类表明因果关系的词语，就可以确定是作者想要表达的重点。

在按照顺序描述的文本中，比如，历史类的文本，我们就可以让孩子将历史事件按照时间顺序梳理出来，那么孩子便可以很容易找到文本的中心思想。

筛选重要信息，需要带着具体问题去阅读

在阅读的时候，将阅读目的和主题等转化成问题，也可以帮助孩子更好地集中于文本的重要信息。

美国学者亚当·罗宾逊在其著作《如何学习：用更短的时间达到更佳效果和更好成绩》中提到"赛博学习法"。"赛博学习法"的核心就是在阅读中提出具有广泛适用性的十二个问题。而与筛选关键信息相关的以下七个问题，可以作为训练筛选信息能力的方法参考。

问题1：我阅读这篇文章的目的是什么？

问题2：关于这个话题，我已经知道些什么？

问题3：这篇文章的主要内容是什么？

问题4：作者接下来要说什么？

问题5："专业问题"是什么？

问题6：针对这些，我能提出什么问题？

问题7：在这篇文章里哪些是重要信息？

当孩子们带着这些问题去阅读，实际上也是在有目的地确定关键信息。比如，在阅读一篇关于《人类与能源》的文章时，孩子们可以通过这七个问题进行关键信息的筛选和整合。

问题	反馈
1.我阅读这篇文章的目的是什么？	我想了解地球的能源是怎么被有效利用的
2.关于这个话题，我已经知道什么？	地球变暖，能源紧缺，地球资源并非无穷无尽
3.这篇文章的主要内容是什么？	讲了什么是能源，能源分为可再生能源和不可再生能源，分别都有哪些以及人类对能源利用的历史

续表

问题	反馈
4.作者接下来要说什么?	人类应该怎样更好地利用能源
5."专业问题"是什么?	资源的过度使用,全球变暖对人类社会的影响
6.针对这些问题,我能提出什么问题?	人们在生活中的哪些微小行为可以节省能源?
7.在这篇文章里哪些是重要信息?	能源的划分,人类使用能源的历史

当孩子们能够回答这些问题,事实上他们已经很好地筛选出了文本的重要信息,并且可以直接概括出文本的中心,并能结合中心,思考更多更深层的问题。

理解力强的孩子，赢在善于利用"背景知识"

时常有家长说，我孩子挺爱看书的，但是看完我问孩子书中讲了些什么，孩子却时常说不出来，或者说出来的和作者想表达的，根本不在一个频道。

同样一篇文章，有的孩子读完不仅可以复述大意，还可以津津乐道表达见解，有的孩子读完，却如过眼云烟，每个字都从眼前掠过，但读过之后却没有在脑海中留下任何痕迹。

为什么会有这样巨大的差异性呢？

这其中的成因比较复杂，但是如果要聚焦一个核心问题，就是"背景知识"的差异。

背景知识并非什么艰深难懂的概念，简单地说，就是一个人过去的所有积累，包括所读的书、看过的电影、去过的地方、日常生活中的点点滴滴、所闻所感等，所有这一切都形成了背景知识，帮助我们去理解新的知识、事物、概念。

背景知识匮乏的孩子，在理解上，时常就会出现前面所讲的现象。

为什么背景知识如此重要

孩子阅读能力的背后，有许多促成因素，而不仅仅是我们表面上所看到的结果。

我们容易给孩子贴上许多阅读的负面标签，比如孩子阅读时不爱思考，看书时走马观花，等等。而实际上可能是，我们家长缺失了对阅读的科学认识。

1.背景知识是阅读理解的脚手架

美国认知科学家丹尼尔·T.威林厄姆在《为什么学生不喜欢上学》中经过大量论证得出一个结论:"知识对认知理解非常重要",他反驳爱因斯坦的"想象力比知识更重要"。他认为有了知识才可以想象,才能够解决问题、决策、激发创造力。

在跟踪观察了许多孩子的阅读情况以后,我对这个观点深以为然。

在带着五年级的孩子一起阅读申赋渔的《君子的春秋》时,一个从小有很好的阅读习惯和阅读积累的女孩子,表现出了气馁,她说她读不懂。

在交谈中,我问了一下她平时的阅读偏好和阅读书目,发现她的阅读以文学类作品居多,几乎全部是虚构类的作品,而历史类的非虚构类读物,基本上没有输入,无论是音频、电影,还是纪录片。

这导致什么问题呢?

首先,书中出现的历史人物过多,人物名字孩子记不住。其次,春秋时期的地名也很陌生,甚至许多都是生僻字。再加上文中大量的"典故",作者虽然是写给学生看的,但是依然会省略掉他认为不是那么重要的信息。那么就出现了,孩子可能认识大部分的字,但是无法将人物、事件、作者观点等建立起联系,对文本做到最基本的"解码"都有困难,勉强读完也是"雁过无痕"的感觉。

确切地说,也就是她的"脑库"中,对于历史层面的信息积累太少,阅读的时候就无法调动相应的知识,来帮助自己进行理解。如果片面地说,这个小朋友阅读理解能力不行,那可能是天大的误会,她的知识缺少历史方面的"背景知识",缺少了这个领域理解的"脚手架"。

相反,一些男孩子在阅读知识类、科普类、历史类这种非虚构读物方面,就会表现出更大的兴趣。因为他们可能从小喜欢历史,对于相关历史事件,有一定的了解,再来读这本书的时候,那些已有的知识就会帮助他读得更好,甚至产生新的思考,所以读起这本书来津津有味,还会饶有兴趣地跟我讨论起来。

所以没有背景知识搭建起的"脚手架"，孩子很难攀爬上理解的高度。

2. 背景知识是知识的黏合剂

读得越多，你就会读得越好，读得越好，你就会越聪明——这是《朗读手册》中非常有名的一句话。但这句话绝对不是肤浅的鼓励之词。

在我组织的读书会中，有一个三年级的小男孩，在他的爱好书单里，恐龙类的读物排第一。相应地，对恐龙所处的时代、恐龙的进化史，他了如指掌。不仅如此，他还可以运用恐龙的特征去写一篇小作文。虽然平时他对写作非常抵触，但是写恐龙，他就表现得跃跃欲试了。

但是如果你把恐龙类的书，给那些喜欢看虚构类作品的孩子，他们远远不会产生兴趣，这个时候，你让他们去记忆一些史前知识或者概念，他们就会相当痛苦，而且根本记不住。因为他们从来没有积累过相应的知识。

背景知识就像知识的黏合剂，也像一个雪球，帮助孩子们合并他所搜集捕捉的相关知识，这些知识会让他们产生这个领域的自信，从而激励他们读得更多、读得更好。

为了不出现"阅读偏食"的情况，我们更要尽量给孩子提供种类丰富的图书，让他们的背景知识更丰富。

3. 背景知识可以让孩子成为更好的思考者

我们总希望孩子可以成为一名优秀的独立思考者，希望他在阅读的过程中逐渐具备批判性思维。

但是，容我泼一盆冷水，在没有背景知识的前提下，遑论批判性思维，正确地思考可能都会成问题。

《君子的春秋》第一章讲的是郑庄公。在设计阅读作业的时候，我要求读书小组的孩子们一边阅读，一边标注发生在郑庄公身上的关键事件，与关键事件相关的事件、地点、主要人物，并写一写自己对郑庄公的看法。

试想一下，如果孩子在阅读的过程中，连记住郑庄公及其相关历史事件都很困难，那让孩子去评价郑庄公是个怎样的人，岂不是"无米之炊"式的任务。

但是，给孩子提供相关的背景知识，比如看一些与郑庄公有关的纪录片，甚至漫画，让有先备知识的孩子分享自己了解的有关郑庄公的故事，在友好的氛围下帮助孩子扩展背景知识，这些都会给孩子的思考打下基础。

让孩子在密密麻麻的文字中"长途跋涉"，还希望他们积极思考，有自己独立的观点，这无异于把孩子丢进荒漠，却没有告诉他们求生的方法。

而背景知识，就是帮助孩子和书建立深刻的关联，让他们有勇气和支援去攀岩阅读的高峰。

4.背景知识可以激发孩子阅读的积极性

一个孩子不喜欢拼乐高，一定是没有享受过"高楼大厦平地起"的成就感，没有刺激他的多巴胺分泌。

一个孩子不喜欢阅读，也一定是没有享受过读完一本书，就如翻越一座山的"峰终体验"——也就是阅读体验中的巅峰时刻。

就如对恐龙痴迷的小男孩，因为在这一方面，他展现出了"专家的优势"，那种阅读带来的满足感，会让一个小朋友仿佛得到最喜爱的玩具一般欲罢不能。

背景知识就像我们攀登一座有难度的山时的诸多"经验"，让孩子可以自己克服困难，攀爬阅读的高峰，创造他自己的优质体验。

而缺乏背景知识，是让一个没有任何经验的孩子徒手攀岩，可想而知，他会多么快就地弃甲投降。

怎样帮助孩子积累背景知识

1.在生活中点滴积累背景知识

一个去过海洋馆的孩子，在读到关于海洋生物的文本时，就会将自己去海洋馆的经历、所见所闻，和文本中的内容自然地进行联系。一个经常使用吸尘器帮助大人做家务的孩子，在阅读吸尘器的工作原理类的枯燥文章时,也会将自己使用时的经验过程代入原理中,生活和文字互为映照,理解起来自然也就更容易了。

没有人会关注与自己毫无关联的事情。让一个从没有看过足球赛的妈妈去读一篇有关足球的报道,这种阅读体验,一定是痛苦的。孩子也是一样,只有将阅读中的体验和个人经历结合起来,他们才会产生共鸣,从而被深深吸引,并愿意去研究更多。

孩子原本就是充满好奇的,他们很容易被新鲜的话题点燃阅读的兴趣,从而去探索虫洞、宇宙、蝙蝠、原始人等,只要我们乐于对孩子津津乐道,孩子也会更大限度地伸出他们探索的触角。但即便我们是成年人,认知范围也是有限的,所以我们需要帮助孩子扩充生活的半径,本质上也是扩充背景知识的半径。

比如我们可以带孩子去博物馆参观,去图书馆查阅他所感兴趣的图书,和他一起观看纪录片,参加不同主题的夏令营和游学活动,参与一些组织的公益活动等,这些看似离阅读很远的事情,实际上都会汇聚成记忆,成为"脑库"中的一部分。在阅读某些相关书籍的时候,这些经验成功地被激活,进而帮助孩子理解。

很多家长觉得让孩子提高阅读理解能力,唯有多看书、多做阅读理解题,其实他们忽略了一点,就是没有背景知识的理解力是有限的,生活点滴提供给孩子的理解空间反而更大。

这些都是偶然性获得的知识,不需要花费时间,不需要特意学习,只是给孩子足够的时间参与到生活中来,甚至他们和小伙伴的聊天,看的闲书和杂志,每天吃饭时餐桌上的闲谈,都在帮助孩子扩充背景知识。我们要做的,可能只是把孩子从单一的学习管道中解放出来。

2.让孩子在广泛阅读中积累背景知识

很多家长很介意孩子看与学习无关的书,认为是读"闲书",殊不知这无形中也切断了孩子扩充背景知识的管道。

很多时候,我们是在读"闲书"的过程中,无形中受益的。

我知道很多家长提前让孩子背诵许多古诗词，但是孩子既无法体会其中的含义，更无法感受诗人的情怀。比如我曾看到有家长让二年级的小朋友背诵《满江红》，小孩子记忆力好，鹦鹉学舌倒也能背下来，但是不多久也就忘记了，因为人的短期记忆毕竟是有限的。

四年级的暑假，我开始和孩子一起阅读金庸的《射雕英雄传》，并且找出了1983年版的电视剧一起看，电视剧中关于郭啸天和杨铁心的故事部分，插曲就是岳飞的《满江红》。

也就是在阅读《射雕英雄传》的过程中，孩子知道了南宋这个朝代的相关历史背景。比如"靖康之变"，就是郭靖、杨康名字的由来，知道了南宋抵抗金国与蒙古两大强敌的斗争。

在后来阅读《中国古代人物故事》时，读到岳飞的故事，再来体会《满江红》，形成长期记忆，似乎就是水到渠成的事情。

当然，也不是所有的书都适合孩子去读。让一个六年级的孩子始终沉浸在《米小圈》里，必然不会有什么收获。

我们要做的是帮孩子挑选种类丰富的好书，让孩子拥有"五尺书架"。

"五尺书架"并不是指书架的外形，而是哈佛第21任校长艾略特提出的"哈佛五英尺计划"，意思是如果一个人每天用15分钟阅读经典，四年后他所读的书就可以摆满五英尺长的书架，这样就算不去学校，也能获得足够的知识。

为了达到这个教育目标，艾略特挑选了50卷必读经典，涵盖了历史、传记、哲学、社会科学、自然科学等领域。

我们也可以从多样化的领域为孩子打造一个"五尺书架"，长此以往，孩子知识体系才会逐渐构建起来。

3.让孩子学会利用背景知识积极思考

怎样让孩子在阅读时调动大脑中的背景知识，或者激发出更多的背景知识呢？答案是，帮助他们进行联想。

善于读书的人，都非常善于将阅读中的内容和自己建立联系。

帮助孩子将阅读和自己建立联系，进行联想，最简单的句式就是，"这让我想到……"

《黑骏马》是一本以动物视角写的小说。很多孩子家里养有宠物，在读到"人为什么不把自己孩子的耳朵削得尖尖的，那会使孩子看起来更聪明啊？为什么不削掉鼻子尖儿，让孩子显得更勇敢？一种生物跟另一种都同样有感觉，他们凭什么毁掉上帝的创造？"时，我分享了我的联想。

我想到我小时候养过的一只猫，我喜欢猫在我怀里的感觉，也喜欢揉弄它毛茸茸的脑袋，我觉得我很爱猫。可是有一天，猫的状态突然就不太好了，那是冬天，我把猫的窝放在炉子旁，想让它暖和点，但是依然没有挽回它的生命。后来我再也没有养过猫，因为我根本就不懂猫。

孩子们也开始分享自己生活中与动物相关的故事，有的说自己养乌龟时，喜欢用手动乌龟的头，看乌龟缩进壳里很好玩。有的说自己喜欢把猫放到书柜上，看猫蹦下来。还有的孩子说起自己家养的柯基，尾巴一出生就被截断，是不是也只是我们人类有为了时髦而忽略动物感受的自私行为呢？

"是啊，我们以为自己很爱动物，并没有去想，他们是不是真地喜欢我们这样对待它们。"

孩子们陷入沉默。将自己的经历融入文本，从而产生想法，不仅能让孩子们更加理解作者的写作目的，也会让孩子们产生同理心，从而对故事内容有更深刻的理解。

第三章

从阅读到思考,
涵养孩子的思考能力

别让"中心思想"禁锢了孩子,这只是思考的开始

曾有家长向我吐槽,说在学校的阅读理解测试中,孩子丢了许多分。有时候连家长都觉得孩子写的跟标准答案差不了多少,但是依然会丢分。在"1分可以淘汰一个足球场"的焦虑渲染下,我们很难对家长说,那并不能代表什么。

在成人的阅读世界里,我们会脱口而出,"一千个读者一千个哈姆雷特"。因为理解因人而异,因环境而异。但在孩子习得母语、习得理解的过程中,我们却要求他们的理解"正确且唯一"。

如果阅读一篇文章,理解的最高层级,就是完成阅读理解中对中心思想的陈述,那么孩子的思维也就只能止步于此了。

止步于中心思想,便止步于让孩子独立思考

中心思想,在词条中的解释是——作者在文章中要表达的贯穿全文的核心,是提纲挈领的道理,是作者在文章中努力通过各种细节来阐明的中心议题。简单地说,中心思想就是作者要告诉我们的道理和内涵。

能够读懂一篇文章、一首诗、一本书,当然最基本的就是理解作者想要告诉我们的道理。所以比较有意思的是,很多小朋友经常能说出很多大道理。比如说二年级学习了《小蝌蚪找妈妈》,孩子会说,作者想告诉我们,做任何事都要持之以恒。学习了《田家四季歌》,孩子们会说,这是在告诉我们,农民伯伯耕种不易,我们要珍惜粮食。到了五年级,学习《草船借箭》,孩子们会说,作者罗贯中赞扬了诸葛亮杰出的才能以及顾全大局的广阔胸怀。

然后，一篇课文的教学结束了，一切在一个道理、一个形象、一个特点上戛然而止。

作为一个成年读者，我们当然知道，除了部分童话和儿童故事人物是扁平的，大部分文本的角色都是立体的、变化的，因此我们才会被角色吸引，从而去呼应作者，和他的思想碰撞，将自己的生命经验注入其中，形成自己的价值观。而课文只是截取了一个片段、一个横截面，就像只拍了人物一个侧影一样，因此大部分也就只有一个中心思想。事实上，读懂一篇中心思想明确的文章相对是最容易的，难的是去解读复杂的文本。这才是许多名著常读常新的原因，因为随着能力和阅历的增加，我们不仅仅只是读懂作者说了什么，还能读出我们自己的生命通过文本折射出了什么。

我时常觉得，书籍就像蚌壳一样，我们把自己融入其中，借助蚌壳的力量，把我们的经历和智慧凝成珍珠。

孩子事实上也是一样。一些专家认为，需要等到孩子成为成熟的阅读者之后再教他们思考，也有一些专家认为，应该在孩子刚进小学时就教他们思考，否则他们将永远无法学会思考。

跟踪教授了一到六年级的孩子后，我发现，任何时候我们都可以教授孩子如何思考。孩子们所理解的广阔世界的议题原本就是丰富的，他们只是通过阅读文本，来为理解世界打下基石。如果没有为他们提供更为广阔的思考路径，没有将他们引领到更为广阔的语境，我们就不能寄期望于他们可以自然而然地学会思考。

中心思想之后，是思考和转化的力量

相信每一个阅读的人，都有过被一本书深深影响的经历。可能是在某个人生的至暗时刻，一本书将这黑暗撕开了一道口子，让一束光唤醒了即将沉沦的自己。可能是某个惶惑的时候，一个人物的经历给了自己灯塔般的指引，让自己有了"柳暗花明又一村"的顿悟。

对于一个读者来说，是在中心思想之后，阅读的书籍才开始发挥它真正的效用。

在一次阅读课上，我和孩子们聊读《神奇收费亭》。《神奇收费亭》讲一个讨厌上学、对生活感到极度无聊的孩子，偶然得到了一个神奇收费亭和一张地图，于是开启了一场未知之地的旅行故事。在旅行中，他经历了期望国、懒散国、词语国、视野角、困惑丘陵、无知山、结论岛等地方，在旅程结束后，他之前对学习的认知产生了天翻地覆的改变。事实上这个未知之地就是智慧之海。作者当然不仅仅是为孩子们讲了一个"你必须好好学习"否则结果会很糟糕的励志故事，一本书必须能够从情感上打动孩子，才是有魅力的。

推论出这本书的中心思想对孩子们并不难，因为在腰封上已经写了，这本书专治"不爱学习、不爱动脑、消极麻木"。只看故事梗概，聪明的孩子们就可以触碰到中心了。

但是，他们脑袋里思考和转化的那盏灯并没有点亮。而我要做的，便是让他们用自己思考的光亮"照见自己"。

"为什么这趟旅行，一开始作者要安排米洛（主人公）去到期望国和懒散国呢？直接让他去词语国不好吗？"

孩子们陷入沉思。

"我觉得是因为，我们通常都不会马上行动，作者太了解孩子了。"一个孩子试探地说。

"米洛在期望国遇到的是'是否先生'，'是否先生'是不是就代表我们心里那个总是拿不定主意的小人儿？"一个女孩思考得非常深入。

"所以在懒散国作者安排他遇到了闹钟狗，闹钟狗象征时间，只有时间能够驱赶懒惰。"有道理，我附和道。

"所以，米洛是如何离开懒散国的呢？"我继续追问。

"靠思考离开的，当他一思考，懒散精灵就被驱散了。"这是书中陈述的一目了然的结论。

"现在再回到我的问题，结合你自己平时的行为和感受，说一说为什么作者一开始要安排米洛去期望国和懒散国？"我希望孩子们能够继续深入地思考下去。

"我觉得我也经常像米洛这样，陷入期待国和懒散国。比如上个星期六，本来妈妈想带我去爬山的，我也好久没出去玩了，还是有点期待的。但是第二天妈妈六点就叫我了，我的困意击败了起床的意志。后来我爸妈自己去了，我就只能一个人在家撸猫和吃泡面。"

其他的孩子哈哈大笑，大家逐渐进入对总是期待、不付诸行动、不思考这些生活中本质的行为的思考了。

"在期待国和懒散国，又无聊又浪费时间，所以还是开动大脑当机立断、立刻行动得好。"一个孩子如是说。

我想，我已经不需要告诉孩子，磨蹭到底有什么不好了。这大概就是思考和转化的力量。

中心思想只是通往批判性思维的基石

在语文课堂中，我们时常让孩子们说出文本的中心思想。大部分时候，因为课文比较简短，中心思想也就比较单一。理解作者的写作意图，理解文本的中心思想，本就是不可或缺的环节。但是整本书的主题一般是丰富的，往往会呈现多个主题让读者去进行思考和推理。

在《洞》这本书的开头部分，主角斯坦利进入翠湖营，发现这里的少年们是有"阶级层次"的，而新来的斯坦利也受到了霸凌。在这里的营员们，有一个叫零蛋的黑人，也经常受到霸凌和嘲讽。

那么这些内容线索，作者是想表现什么呢？

如果背景知识比较丰富的孩子，可能就联系到黑人在美国的社会地位，从而就可以推断出，作者想表达与"种族歧视"相关的主题。

那么书中还涉及了诅咒、轮回、命运等，如果聚焦主人公斯坦利和零蛋的友谊，还可以推论出勇气、执着、不服输等主题。

通过引导孩子关注人物的言行举止（言行举止透露出一个人的性格特

征），孩子们可以推断出相应的性格，会有怎样的行为，从而推断出作者的隐形观点。

比如在阅读《绿山墙的安妮》时，引导孩子从文本的重复、积累、转折和关系四个方面去分析人物。而安妮的特点就是爱说话、爱闯祸、爱吵架、爱幻想和讨厌自己的红头发。

我们在阅读中发现安妮似乎一直在说话；她在闯祸中也在不断更新，"不犯同一个错误"，不断更新自我；幻想是她自我调整的重要方式，也是她永远充满好奇心、兴致勃勃的原因。从这些特点，我们看到了一个热情烂漫、乐观进取、纯真善良的安妮，孩子们通过这个角度观察，就能获得分析人物形象的清晰思路，从而也能推测出作者想要表达的观点。

一个六年级的小朋友在写主题分析时写道。

如何将白日梦般的幻想变成触手可及的现实？几乎很少有人能做到这点，人们大多只会沉迷幻想，却不去为现实努力。而安妮却可以。她是一个独特的女孩，她拥有坚定的反抗意识，她反抗老师、反抗校规、反抗命运对她的不公。她懂得学会接纳自己，她克服了对红头发的自卑，变得自信又美丽。她擅于突破困境，为自己的成长做出无限努力。她也懂得珍惜，用自己的纯真和付出温暖别人。没有一片树叶是一样的，没有一个女孩是一样的，安妮成就了最好的自己。

当孩子可以自己联系自身的感受，去体会人物，体会文本丰富的主题，这本书才算开始了它对于一个儿童精神发育的滋养。

很显然，读过的书可以改变我们对自己、对他人、对世界的思考。

让孩子爱上思考，从"说来听听"开始

有家长说，自己的孩子不爱思考，甚至还给孩子打上了"懒"的标签。我说，那他没有任何会去主动动脑子的事吗？家长说，那些跟"玩"有关的，就可爱动脑子了，比如打游戏怎么通关，自己去百度查攻略，为了躲过家长的监视，会把手机外壳背面朝上放到客厅餐桌显眼的位置，让家长误以为在卧室写作业，事实上手机早就夹在书里偷偷带了进去。

我一听简直差点为孩子的智谋拍手鼓掌，这样的孩子，可是一点都不懒的。只是在家长看来，孩子没有把心思花在正道上。

"我也希望他在阅读的时候，能够多多思考，但我感觉他就只是走马观花，根本不会去深入思考。所以把他送到您这儿来，希望他能学会怎么在阅读中思考。"

我跟这位妈妈说："其实所有学科的学习，最终都是为了让孩子学会这门学科背后所包含的思维方式，融会贯通，在未来能够灵活解决生活和工作中的各种问题。但思考和阅读与写作一样，都不是一蹴而就的，孩子一周来一次参加读写工作坊，这种"被动思考"的频率，还是太低了，如果想要孩子成为一个时时主动思考的人，更需要在日常中、生活中为孩子创造一个好的思考环境。"

"那老师，您说的这个太难了，我们家长什么也不懂，该怎么做呢？"我说，一点都不难，无非四个字——"说来听听"。

想让孩子"说点什么"，先让孩子畅所欲言

工作坊的特定环节是读书会。读书会的核心，就是让小读者们聚集在一起，对阅读的图书发表看法，思维碰撞，形成观点和转化。所以，这个环节的核心就是"讨论"。

讨论在阅读学习中非常重要，可以说是促进孩子思维发展最重要的一个环节。用艾登·钱伯斯的话说，我们通过沟通构建意义。

但是一开始，我面临的困难是，孩子们总是没有任何想法，他们习惯等待大人发表"高见"，因为那或许才是唯一的答案。他们不认为，自己说的任何话是有分量的，是值得被拿出来讨论的。

为了扭转这种固定的认知，让我看到曙光的活动是一次偶然的"吐槽大会"。

在《窗边的小豆豆》读书会上，我邀请孩子们联系自己的学校生活，和小豆豆在巴学园的生活进行比较，从而来说一说自己的发现和想法。

一开始，他们确实围绕目标在进行观察和探索。他们发现巴学园的环境很好，教室是废弃车厢，还有游泳池，树屋也很有意思。而我们现在的学校，都是钢筋水泥的教室，和井然有序的桌椅。巴学园的课程表是灵活的，学生可以根据自己的兴趣去安排想学的科目，进行自学，需要老师的时候再请老师帮忙。而我们的课表是固定的，上课也是以老师为主导而不是自己的兴趣。巴学园的校长小林先生可以耐心听小豆豆说四个小时的话，而自己学校的校长可能只出现在开学典礼的主席台上。

我听着孩子们你一言我一语的讨论，不去发表任何评论，只是在孩子们渐渐安静下来之后，接着问他们，我们对比出了这么多不同，谁可以说说自己脑子里的想法吗？

一个男孩子说："对比起来，我觉得我们学校简直是监狱啊。"

在他的带领下，更多的声音冒了出来："我们学校也是，每天晚上都要写一套卷子，我都快写吐了。"

"如果我们学校像巴学园一样就好了。"我看到孩子们稚嫩的脸上闪现的遗憾和失望。但我们阅读的目标，并不是为了去"讨厌我们的学校"。我引导孩子们再去思考，自己的学校是否也有值得被喜爱的部分？

有的说，学校有超大的足球场，体育课特别喜欢在足球场上飞奔的感觉。有的说，喜欢学校的同学、好朋友，一起分享许多有趣的事。有的说，喜欢某位老师，总是自掏腰包给大家分享零食。

所以每个人的学校，其实也都有可爱的一面。那么，大家可以想一想，黑柳彻子写这本书的真正目的是什么吗？在讨论中产生的丰富感受的引领下，孩子们已然可以洞察出作者深层的写作目的。他们说，是对巴学园的怀念吧，这么好的学校。也是对童年的怀念吧，她写书的时候已经是个大人了。她应该很讨厌战争吧，战争把她心爱的学校炸没了。我觉得还有对校长、老师和那些同学的想念吧，我转学后就特别想念我以前学校的班主任和好朋友……

没有什么是不可以聊的，讨论的过程会让许多观点呈现出来。重要的是，我们不要"居高临下"，不要着急发表高见，而是多倾听、多启发，让孩子们的讨论多飞一会儿。

想让孩子畅所欲言，需要知道的"倾听技巧"

事实上，倾听并没有技巧，唯认真、真诚、平等、自然。只有愿意倾听的大人，才可以激发出孩子"听"和"说"的意愿，以及思考的潜能。

然而做到有效倾听，却并非易事。成年人在孩子面前，最难管住的便是"好为人师"的说教之心，每每有家长来询问孩子情况，即便是说"在某方面可以帮助孩子更进一步"这样饱含鼓励的话，家长听到的依然是"我的孩子还不够好"，然后孩子便总会遭遇一番"批评"。

大家总是认为，思考背后可能藏着什么难以掌握的艰深的秘密，其实不然，最好的启发孩子思维的方式就是讨论而已，就是把孩子从被动的思考中解放出来，在一个安全的无拘无束的环境中，种下对任何事情愿意表达意见、愿意多想一点的种子，渐渐地，孩子自然而然会成为一个喜欢思考、善于思考的人。

而这也并不难，我们只需要做小小的改变即可。

首先，尊重孩子的一切想法，孩子的每一个想法都弥足珍贵。比起对一切都漠然接受，把思考的权利束之高阁，成为一个只接收他人观念和二手价值的人，显然我们更愿意孩子在思考的路上"摸爬滚打"，成为一个有独立思考能力的人。那么，孩子在学习思考的过程中的一切想法，本就无比珍贵。

其次，管住自己在孩子面前的"傲慢之心"，用"谦逊"的心对待孩子。很多时候，当我们向孩子提出问题时，我们已经在心里预设了一个自认为"很棒"的答案，孩子刚说出自己的想法，有的家长就迫不及待地想去纠正。试试把孩子当成自己的"老师"，或许会发现孩子的想法别有天地。简单地说，聆听比表达更重要。

最后，作为一个读者，孩子有选择自己所喜爱的图书的权利。我们不要去质疑孩子的阅读品位。比如有的家长告诉我，孩子都四年级了还迷恋看"米小圈"，整天只看简单的书，漫画之类的，对深度阅读丝毫没有兴趣。即便是"米小圈"，也可以围绕其中的人、事、主题等进行不同层次的讨论。

我们无法强制去改变孩子的阅读兴趣，毕竟兴趣是从内产生的，如果一本书根本无法吸引孩子，看上两页就昏昏欲睡，又何谈建立在阅读中和阅读后的讨论呢？孩子阅读能力的提升，仰赖于先前的一切阅读经验和背景知识，那么我们能做到的就是给孩子提供更为丰富的读物，或者尝试帮助孩子找到阅读同伴，让几个小读者互相影响，因为孩子们更愿意去读同伴们推荐的书，这样可以和同龄人拥有更多的社交话题。

尝试"说来听听"，让孩子更深刻地思考

如果我们想要在和孩子聊书的时候"有所作为"，首先我们自己得是一名读者，得读过孩子读过的书。当然，这是对读写老师最基本的要求。但是对于家长来说，如果实在没有时间阅读，但又想和孩子交流，有没有什么办法呢？

有的家长喜欢直接问,这本书写的什么?孩子一听,只能回答不知道。毕竟一本书的体量那么大,要把梗概梳理出来,再有条理地讲出来,真的太让人有负担了。索性一句"不知道"挡住后续的一切追问。讨论本身就是为了探讨,而不是为了让对方回答。

所以,家长可以试试以讨论文本为目的"起承转合"。

起:找到讨论的起点。孩子往往只喜欢聊自己感兴趣或者情绪上有共鸣的部分,所以找到讨论的起点可以从这个层面入手。这本书里你最喜欢哪个情节?是跟谁相关的?我看你最近一直在读这本书,是什么地方那么吸引你?

承:聚焦话题,持续讨论。承接住孩子已经说出的想法,围绕孩子的想法进行讨论,倾听孩子是如何看待故事和人物的,找到可以和孩子进行探讨的话题。

比如女儿在读《我是马拉拉》时,我问她为什么最近这么喜欢这本书,她告诉我,因为里面写了一个女孩子为了争取受教育的机会而改变了世界。为什么女孩子改变世界这件事,让你这么有兴趣?因为我们老师总是说男孩比女孩聪明,这个故事让我觉得特别有力量。

转:将讨论的焦点转移到议题上来。你们老师觉得男孩比女孩聪明啊?她为什么这么说啊?你赞同她的说法吗?你想听听我的看法吗?在孩子想法的基础上,分享自己的观点,但只是为了提供一个思考的纬度,而不是为了改变孩子的想法。孩子的想法,只有他自己可以改变。

合:合并观点,生成自己的想法。将孩子的观点和自己的观点放在一起,互相探讨,一起找到对方观点中的"宝藏",而不是为了"压倒性的胜利"。

总之,我们的目的是让孩子有话可说,有话愿意说,有话交流说,在这个过程中,自然而然地涵养孩子的思考力和表达力。

孩子是天生的评论家，锻炼孩子的评论家体质

从能够表达想法开始，孩子就开始输出各式各样的评论。充满好奇心的他们，用自己的方式观察着这个世界，打量着进入他们世界的每个人，对他们尝试的每件事情进行判断，从而明白自己的喜恶。喜欢吃的食物、喜欢听的歌、喜欢看的故事、喜欢的人物角色等，评价原本就存在于孩子生活的点点滴滴。

很多家长觉得自己的孩子没有想法，实际上是孩子在成长中，我们倾向于快捷、迅速地将我们的想法灌输给孩子，学校的教育方式也是更加着重记忆层面的学习，久而久之，孩子不再信任自己的心灵，也不再具备一颗在不同观点中找到自己声音的勇敢的心，不思不想，只是一味地接纳已有的一切，又怎么可能产生具有洞察力的评价呢？

然而无论是目前已经改革的应试方向，还是真实社会对孩子思维素养的要求，都需要孩子能够具备"评论家"的素质。

评论家具备什么样的素质呢？

一是对自己要发表观点的话题、事件、人物等的分析能力。

二是能够用审辩的态度提出自己核心观点的能力。

三是能够有理有据地阐释和表达自己观点的能力。

而这种素质，恰恰是从小就需要培养的。大部分时候，我们都小觑了孩子的真实能力。就如艾登·钱伯斯所说，每个孩子都有与生俱来的评论能力，关键在于我们是否能够帮助孩子们善用这份能力。

怎样激发孩子的评价潜能

1.呵护孩子的评价力，认真对待孩子的每一个意见

在成人主导的世界里，孩子一直是作为弱小的姿态存在的，这对于孩子主动发表评论原本就是一个不利的环境。成人有压倒性的经验，有过来人的姿态，孩子大部分时候只需要接受成人的教诲和安排。

然而我们可以想象一下，当别人直接塞给我们一堆经验的时候，我们是什么感受？没有经过自己的观察、探索、验证，我们自己也无法对他人的意见照单全收。就像老板让你"996"，并因为输出一堆高大上的观点，你就会感激不尽，觉得老板帮你找到了实现人生最大价值的路径吗？

孩子需要从零开始构建自己的"评价体系"，因为这会逐渐成为他日后判断一切的标准，甚至价值观，最终成为人生的价值体系。

生活中孩子大大小小的意见，我们都可以和孩子进行讨论，倾听孩子的想法，以及追问想法背后的原因。这个部分也可以参考我后文写到的"深入思考三步骤"，这里就不再赘述。

总之，孩子发现的每一个现象，得出的每一个观点，都是可贵的。

2.借助评论家的分析精神，让孩子独立思考做决策

我们家一直主张民主教育，孩子有权力参与家庭一切事务的讨论和决策。有一次，孩子拿着爷爷奶奶给的压岁钱，想买一只法斗。为此，我们进行了长达一个月的循序渐进的讨论。

我非常不赞成养宠物，并非我不喜欢，而是作为一个既要照顾家庭，又要忙碌事业的女性，我评估过我的精力，已经没有办法再去照顾一个小生命。女儿坚持她可以照顾，但是对于已经进入高年级、每天各种任务目不暇接的现状，是否真的可以长期执行呢？

于是我们一人一张A4纸，分别写上支持自己观点的理由，再进行综合判断。

女儿认为，宠物可以带给她家人给不了的陪伴，可以缓解她上学的压力,有科学观点证明,家里有宠物的孩子,更容易成长得有责任心。

啧啧,文献都搬出来了。

但我依然不愿意放弃我的坚持,因为每个人只能有一个立场,我无法把自己已经饱和的精力安排再挤出一分一毫。我说,养一个宠物,不能仅仅是喜欢和需要,还需要对生命负责。我认为你可以先去了解一下法斗的习性和养育的技能,才能成为一个合格的主人。

并且这是一个长期事项,所以我还需要和你签一份协议,就是与照顾法斗的相关事务你需要全部写在协议里。如果这两部分你都同意,我就同意你养一只法斗。

后来女儿果然去网上查了资料,并写了一篇《如何养好一只法斗》的说明文。但是协议的部分,她最后搁浅了,可能是自己延伸想象了一下,也觉得任务重大。

3.锻炼孩子的评论能力,读新闻、评时事是有效的方式

每年我都会让工作室的家长们给孩子订阅《阳光少年报》,并且在阅读工作坊,也会就事实和孩子们进行一些讨论。

要想能够对新闻事件发表出相对客观的评论,首先要让孩子有"核查"的意识。在自媒体发达的当下,新闻的可信度和客观性相对也有所下降,所以可以和孩子就一个事件,去看多个媒体的报道,看看不同的媒体,其观点和立场是否有所区别。

再通过互动和讨论,引导孩子深入思考事件背后的原因,造成的影响。在这个层面,科瓦奇与罗森斯蒂尔在《真相:信息超载时代如何知道该相信什么》一书中总结了怀疑认知的六个层面,也可以用来分析信息。

(1)我碰到的是什么内容?

(2)信息完整吗?假如不完整,缺少了什么?

(3)信源是谁/什么?我为什么要相信他们?

(4)提供了什么证据?是怎样检验或核实的?

(5)其他可能性解释或理解是什么?

（6）我有必要知道这些信息吗？

在核查之后的基础上，再结合自己的背景知识对事件发表见解或者意见，这样不仅可以提升孩子的批判性思维能力和表达能力，还可以培养他们对社会问题的关注和责任感。

4.通过基于阅读的写作来锻炼孩子的评论能力

在读写工作坊的活动设计中，基于阅读的写作部分，我一般都是让孩子们练习写评论型的文字。有时候并不能算得上是一篇完整的议论文，但是如果要想孩子逐渐有输出观点的能力，就需要从微小的练习开始。

实际上现在许多阅读理解类题型都是主观论述题，这样的训练不仅能提高他们的评论能力、分析能力，更让他们在语文、历史、道法等有大量论述题的科目中游刃有余。

我尝试让孩子们用"六面透析"法来多角度思考一个话题。

描述它

你将如何描述这个话题/问题/事件/人物？

它/他/她有什么特点？

它/他/她看上去是怎样的？

比较它

它/他/她与什么有相似之处？

它/他/她与什么相类似？

联想它

它让你想起了什么？

如何与其他话题/问题/事件/人物联系在一起？

分析它

它是如何发生的？

它为什么会发生？

导致它发生的因素有哪些？

运用它

你能够怎么做?

你可以怎样运用它?

它带给你什么经验教训?

它带给你的思考是什么?

赞同它或反对它

我支持它,原因在于……

我反对它,原因在于……

这是有益的,因为……

这是有害的,因为……

比如在读完《黑骏马》后,我将"命运"作为一个话题,让孩子们使用"六面透析"法来评论,造成书中两匹马儿命运截然不同的根本原因是什么?

描述它:

黑骏马和生姜都遇到形形色色的人,可以说他们都命运多舛,遭受数次易主,不同的主人对待他们的态度也截然不同。但是黑骏马最后可以安度晚年,生姜却精疲力竭而死。

比较它:

纵观黑骏马和生姜的一生,他们的性格、遭遇有什么相同和不同之处。

联想它:

联系自己的生活思考,你生活中有没有发现因为性格而对自己造成影响的事例?

分析它:

黑骏马拥有良好的血统,从小接受的也是良好的训练,所以它性格温顺、善良而且坚强,生姜一开始接受的训练就很粗暴,所以它憎恨、厌恶人类,也因此形成了倔强、暴躁的性格。这导致无论顺境、逆境,黑骏马都可以凭着耐力、智慧生存下来,而生姜的刚烈却并没有为它带来任何好处，最终被"折腾"到精疲力竭。但是如果生姜遇到的第一个主人就像黑骏马的主人一样会怎么样呢？除了性格本身，环境对命运又起到了什么作用呢？

运用它：

思考他们的命运之别，这带给你的思考是什么？你家有养小动物吗？怎样才算一个好的主人呢？

赞同它或反对它：

你赞同生姜的命运是由性格决定的吗？你有其他的看法吗？对于人和动物的关系，你怎么看？

在进行这样多角度的分析和讨论之后，孩子们对写出评论型的文章也就有了深切的感受和思路，我让孩子们自己找一个角度来写一篇对这本书的读后感，这样的读后感，才会言之有物，有自己独一无二的感受和观点。

让孩子学会思考，需要父母成为孩子的"思考同伴"

在和家长闲聊时，有的家长说，孩子年龄越大，和他们之间的对话似乎就越稀薄。回到家不是关上门写作业，就是看手机。吃饭时问一句答一句，也是一副兴趣寥寥的样子。小时候整天在自己面前喋喋不休的小人儿，虽然每天仍在自己面前，却又好像隔开了一个世界。

为什么孩子越大越不爱和大人说话？仅仅是因为前青春期的到来，因为独立意识的萌发吗？事实上，冰冻三尺非一日之寒。我们在生活中和孩子的对话方式，决定了他们是否会一直允许我们待在他们的"心理空间"。

大人越是善于管教、质询、监督、催促、逼问，孩子越是不愿意说话、交流，甚至逐渐找到一种安全的应对模式，就是和大人少说话、少接触，干好自己的分内事——学习。

长期在这样的生活模式下，孩子不仅逐渐关闭了心扉，也对父母的人生经验失去兴趣，即便遇到困惑也宁愿自己解决，有时难免陷入思维的局限性中，逐渐变得固执、自以为是，不能接受他人的意见，等等，那些爱钻牛角尖的孩子，大部分和家人的关系也不会太好。

在一项叫作"儿童日常生活的显著差异"的研究中，发现与大人进行语言交流的时间越长、质量更高的孩子，更容易取得学业上的成功。

所以，成为孩子的"思考同伴"，不仅能提高孩子的思考能力，加深与孩子的情感关系，还能促进孩子的学业成就，何乐而不为呢？

父母的"归零"和"放下"

会不会和孩子聊天，其实不是我们当父母的说了算，而是来自孩子的

"反馈"。比如在生活中,孩子是否会和你说许多"废话",是否可以畅所欲言,是否愿意袒露心扉,是否可以将自己的"错误"讲给你听,是否可以将自己的"烦恼"与你分享。能够做到这些,可以说才具备了成为孩子"思考同伴"的基础。

但往往我们很难放下自己的经验和身份,真正平等地和孩子交流、交谈,倾听他们稚嫩不成熟的想法,我们更容易看到"问题",从而直接给出"意见",还妄图孩子能够欣然接受。

然而,面对一个日新月异的世界,所有的经验都会过时,所有的意见也可能是错误的指引,如果我们抱持一种"归零"的心态,把自己也当成人生的学徒(事实上也确实如此),那么和孩子之间,就更容易形成"伙伴关系"。

原本我们就是第一次做父母,原本我们的经验就不是什么真理,能和孩子一起重新思考这个世界,不恰恰是一个学习的契机吗?

我最不认同的一句话就是"不听老人言,吃亏在眼前"。放下自己的经验意识,以开放的眼光和心态重新认识这个世界,把自己和孩子一样变成一个"有问题的人",向孩子敞开心灵,诉说自己的所思所想,也接纳孩子的任何想法,倾听他们的心声,这才是"思考同伴"该有的姿态。

善用"逆向思维",站在孩子的角度看问题

假设有一天,你的孩子问你:"为什么一定要上学呢?"你会如何回答他。是滔滔不绝长篇大论告诉他学习的重要性、未来的不确定性、生存的艰难、不学习的后果,还是让孩子自己思考,让孩子自己找到他"信服"的答案呢?

事实上,我们的长篇大论不仅起不到任何效果,还剥夺了孩子自我思考的机会。

那天,当孩子问我这个问题时,我有些心慌,心想,不会有厌学情绪了吧。我合上手里的书,轻轻问她:"你是不是最近不太想上学呀?"

她有点迟疑,说:"也不是,就是在想为什么一定要上学?早上真的困,很想睡懒觉。今天上了一天的语文课,你小时候没这样过吧?"

"唔,我小时候比较害怕上数学课,老师比较凶,经常拿三角尺把讲桌敲得嘭嘭响,而我就坐在讲座旁边,所以一上她的课,我就害怕。"

"那你的处境还要差一点。你是不是也想过不去上学呢?"

"想过啊,但是一想,如果所有的人都上学,而只有我自己一个人在家待着,也会无聊吧。当以后大家都去上大学,我却只有小学文化,我也会羡慕吧。所以一想到这些,就打消那个念头了。不过如果你特别不想上学,我明天可以帮你请假,我带你去爬山,散散心怎么样?"

"不行,你知道一天不去就会落下多少知识吗?特别是数学,很难补的。"

我狡黠一笑:"所以你并不是真的不想去上学,是吗?我记得'五一'放假,你还在家里念叨好无聊,好想去上学。"

女儿插科打诨道:"谁还不能偶尔有个情绪了。"说完就蹦蹦跳跳地去写作业了。

有时候孩子的问题背后,只是需要一个安慰或者一个真正的理解和关注,站在孩子一边而不是她的对立面,和她一起面对她的情感、态度,帮助她做出自己的决策,本身也是在情感层面,帮助孩子学会思考。

有教育者认为,人的某些性情、态度、价值观和感情提高了学习者解决问题、做出决策、进行批判性思考的成功概率。

打造家庭的讨论氛围,培养孩子的思考力

我们都知道,思考并不仅仅局限于学习的场景中,甚至我们让孩子学习、阅读,本质上就是为了让他们成为能够熟练思考的人,并且将思考能力应用到生活的方方面面,面对自己的生活、学习、情感等,能够通过思考独立解决问题。

十一是邻居的孩子,来工作室上课的时候是二年级。我经常在他妈妈的朋友圈看到他们母子间的"左右互搏"。也因此,十一的思维特别活跃，总是能够找到许多新的角度，在阅读课上，也总是能"语出惊人"。

有一段时间，十一不想来工作坊上课，早上起床时，妈妈都要和他博弈许久。有一次已经到了门口，都不愿意进来。为了不影响其他孩子上课，妈妈就在门口和十一聊了半个多小时，然后才敲门进来。

后来妈妈告诉我，他觉得周末就是应该睡懒觉、玩、逛商场，而不应该一大早再继续上课。再加上还有其他的兴趣班，周末属于自己的时间寥寥无几，于是就发生了"反抗事件"。

我想了想他在课堂上闷闷不乐的表现，就和妈妈说，策略单不想写就不写了吧。也可能和其他孩子都能很快写完，而他写字慢，觉得累有关系。这个阶段，培养阅读兴趣最重要。如果不想来，也可以暂时不来的。我并不认为，有任何课程真的是非上不可的。

我不知道妈妈是用了什么魔法，过了一段时间，妈妈把他们母子的聊天用文字形式记录下来发给我了。

下面是十一和妈妈的对话。

十一：我现在还挺喜欢去阅读课的，你说说小孩的兴趣转变是不是还挺快！

妈妈：我比较感兴趣的是为什么会发生这样的转变。

十一：我发现读书确实是件很有意思的事。

妈妈：那你现在知道坚持让你去阅读课的原因了吗？

十一：提高我的写作能力呗！

妈妈：写作可能不是最重要的，阅读可以让人和不同的思想交流碰撞，学会思考，让心胸变得辽阔。而好的指导老师，可以教你怎么样会读书，怎么样读好书。

十一：看来也不是所有书都好，有的书我就觉得不怎么好，没有核心的价值观。比如那个米小圈，看来看去就是贫嘴顶撞人，没啥意思，当个日记看还可以。

十一的妈妈平时就经常和十一"卧谈"，很多聊天内容她都记录了下来，小到十一让她生二胎，他们对于生二胎这件事的决策过程，大到她看婚姻关系的书时，十一对男人来自火星、女人来自金星的独特解读，都让人忍俊不禁。但也不得不佩服这位妈妈的智慧。

　　妈妈做到了什么呢？首先是对十一一切情绪的接纳。当十一不愿意进来上阅读课时，她在门外默默接受孩子的一切情绪，做到了有效倾听，从而知道了孩子不愿意上课的原因。其次她并没有让孩子必须改变观点，不打不骂，而是用了缓兵之计，让孩子先自愿进教室。在继续坚持的过程中，不急不躁，用支持和鼓励等待孩子自己"觉醒""转变"。

　　可想而知，在生活中，他们每天都有平等、开放的对话，而孩子就这样不知不觉地转变了。在后来的阅读课上，十一的表现越来越好，他总是能提出让人惊叹的好问题，说出与众不同的观点。我想这与妈妈在生活中的思考浸润不无关系。

深入思考三步骤，让孩子成为"思考型读者"

什么样的读者才能称得上"思考型读者"呢？在我看来，阅读时能够积极地和文本进行互动，并且留意内心的声音，不仅用心聆听，还用心审视，从而得出自己的观点，形成自己的认知，这样的读者，就能称得上是"思考型读者"。

思考型读者，至少需要满足三个条件：一是是否可以有意识地思考，二是是否可以有策略地阅读，三是是否能够进行独立思考。

在读写工作坊中，有些孩子可以做到前面两点，但是对于进行独立思考、深度思考、形成意见却还有一段距离。有意识地思考和有策略地阅读，两者主要还是聚焦在理解的层面，而独立思考，实际上是指一种创造性的思维，是脱离所谓"标准答案"而去找到让自己"心悦诚服"的答案的过程。

我们在日常生活中，并不总是能够接受他人的意见，因为我们会结合自身的情况，去思考"为什么我要接受这个意见呢？"或者"这个意见是建立在对我的足够了解上吗？"还是只是"对方好为人师，随便一说"？

如果别人的任何意见我们都接受，那么我们便没有自我判断力；如果别人的意见我们都不接受，那么我们便是妄自尊大，容易陷入自负。因此，自己亲自思考亲自找到答案的过程，也就是思考的过程，这尤为重要。

在阅读中也是如此，作为读者，我们容易"尽信书"，认为书上说的都是对的。因为我们是按照"尊师重教"的模式被培养出来的，容易受到中庸文化的影响，一本书就是一个老师，我们很少会去怀疑老师或者去刻意怀疑一本书的观点。

但要想成为一个有独立思考能力的读者，就需要具备基本的建立自我意见的能力。古人说"尽信书不如无书"也就是这个道理。

关于建立自我意见的三个基本步骤，事实上可以用在任何对人、对事的评断中，它是我们客观地深度地思考的底层逻辑。

建立自我意见的三个步骤。

第一步：检查自己对人、对事的了解程度，确实理解自己要发表意见的"对象"。

第二步：通过提问厘清疑惑，清晰地知道自己是如何思考的，以及自己这么想的原因。

第三步：思考其他的可能性或者想法，发表意见，提出让人心悦诚服的答案。

通过这样三个基本的思考步骤，孩子们不仅可以核查自己的"结论"，还会产生更加多维度的思考。在阅读中，我们也可以运用这三个步骤，来引导孩子进行深入思考，产生自己的真知灼见。

深入思考三步骤，让孩子循序渐进地理解人物

很多时候，我们凭经验和感觉得出结论。比如，在看了《红楼梦》之后，女儿告诉我，她非常不喜欢林黛玉，我问她为什么，她说，哭哭啼啼，弱不禁风，敏感刻薄，我不喜欢她。

我一听就乐了，觉得这是一个讨论的好机会。于是，我问她，你的这些评价都是怎么来的（帮助孩子检查自己对人、事的了解）？她说，都是事实啊。好，说来听听，都有哪些事实呢？

女儿来劲了，非要向我证明一下，她不是无缘无故地讨厌林黛玉，于是向我摆起了事实。

"林黛玉爱哭，这是人尽皆知。刚进贾府就哭，宝玉摔玉跟她无关，她哭；跟宝玉斗嘴，宝玉一个没说到她心里去，她就哭，这可不止一两次，每次都是宝玉想着法子哄；听曲子听到'花落水流红'也哭，花落了她去葬花也哭，哭哭啼啼这证据太多了，不用一一列举了吧。至于弱不禁风，这也是非常表面的事实，作者有大把的描述。至于敏感刻薄，我印象最深的就是她说人家刘姥姥是'母蝗虫'，连史湘云都评价她'小性儿，爱恼，爱辖制人'。"

我听完，哈哈大笑，虽然女儿才五年级，看待事物容易看表面，但至少还是读了进去的。

我试着引导："站在林黛玉的角度，你觉得她为什么会这样？"（站在对方的角度，换位思考）

女儿迟疑片刻，说："她一个人来投奔亲戚，虽然都是亲人，但也都很多年没见，就不太有安全感吧。所以总是容易情绪泛滥。"

"你为什么会讨厌林黛玉表现出来的这些特质呢？"我接着问（深入探究原因）。

女儿说："现在都流行大女主，我们班现在都是男生哭哭啼啼，女生都是汉子型。林黛玉太不酷了。"

我一听，哈哈大笑，我们的喜恶很多时候来自我们身处的环境和情感认知，女儿现在正是喜欢大女主的年龄，怪不得这样想。

"嗯，我小时候看电视剧，喜欢林黛玉，因为她有才情。长大了看书，又喜欢薛宝钗，觉得情商高，人缘好。到现在中年了，再看又开始喜欢黛玉了。因为不会只看人表面的性格，也会看到背后经历的'风刀霜剑'。"

"我们对一个人的喜爱，是会随着年龄和阅历改变的。"我补充道。

女儿点点头："我可以理解林黛玉，但是她的性格不太符合现代社会的需求。"

"那你觉得现代社会的需求是什么样的？"我趁机追问（用问题激发其他的想法）。

"是薛宝钗那样的，落落大方，优秀得体，不使性子，人缘好。在我们班，这样的女孩不仅老师喜欢，同学们也都喜欢和她玩。"

"林黛玉在你眼里就没有优点吗？"（用反问促使更多地思考）

"有吧，我喜欢她的才情，不喜欢她的性格。虽然理解她的际遇，但觉得也可以不用这么多愁善感。如果心大点，说不定还能活得长久一点。"

我被她的言论逗得哈哈大笑，忍不住摸摸她的小脑袋。讨论并不是为了有一个"你错我对"的结论，而是为了产生更多层次的思考，明白自己观点的由来，最后呢，每个人都有捍卫自己观点的权利。

这个聊天的过程并非事先设计，而是依靠深入思考的三个步骤的框架，循序渐进地和女儿进行平等的讨论。这种随性的提问，事实上也能很好地打开孩子思考的开关。

深入思考三步骤，让孩子有理有据地思辨主题

深入思考三步骤，我也用在读写工作坊的课程中。在《柳林风声》的主题思辨课上，我将友谊这个主题写在黑板上，小组通过讨论，把对友谊的看法罗列出来，大家列出的大部分是正向的，固有的观点居多，比如友谊是互相帮助、互相陪伴、取长补短，等等。但里面比较值得玩味的是，为了让蟾蜍改邪归正，其他小伙伴使用了许多强迫性的手段。于是我抛出了一个辩题——以为朋友好为名强迫对方改变是对的吗？

认为是对的孩子自动组成一组，认为不对的组成一组，分别使用深入思考三步骤来进行思考和讨论。

第一步：检查自己对人、事的了解程度，确实理解自己要发表意见的"对象"。

无论正反双方，第一步要做的事情是一样的，就是尽可能全面地收集事实。在这里可以让孩子使用"5W1H"来检查收集的事情是否全面，是否展现了事件的全貌。

5W1H也就是事情何时、在哪里、是谁、做了什么、为什么、是怎么做的。鉴于讨论的是蟾蜍，所以大家只要根据这六个要素去搜集蟾蜍的相关事件就好。

大家发现，蟾蜍喜欢玩汽车，偷别人的汽车横冲直撞，得罪警察，被抓进监狱，扮成洗衣妇逃走，乘火车逃回密林，搭船被扔进河里，在朋友的帮助下夺回蟾宫，最后改邪归正。

在这些事实面前，跟友谊相关的又有哪些呢？为了让蟾蜍不胡来，獾他们将准备开车外出的蟾蜍禁闭了起来，他们"要把他变成一只明理的蛤蟆"。为了帮蛤蟆夺回蟾宫，他们团结奋战，赶走了黄鼠狼。

在收集完信息之后，开始进入第二步，通过提问厘清疑惑，理解自己为什么是这么想的。这时候双方意见不同，持有不同意见的两个小组，开始通过互相提问思考使用强迫手段为什么对或者不对。

正方：为什么强迫朋友改变是对的？

因为朋友的行为对自己的生活是不利的，而他自己却无法控制，作为朋友这是在帮助他。

反方：为什么强迫朋友改变是不对的？

因为每个人都是独立的，除非自己愿意，否则朋友也没有权利强制性地软禁自己。

正方：如果不这么做，后果如何？

从结果来看，朋友的做法是对的，因为蟾蜍的逃走，导致了后面一系列的糟糕事件。如果他听朋友的规劝，就不会被抓进牢里去了。

反方：如果不这么做，后果如何？

可以看到的是，即使朋友想方设法地规劝，甚至轮流看守禁闭他，他自己不想改变，依然会想办法跑出去。依然会发生后面的事情。所以这种做法只是朋友的一厢情愿，而且自己不想改变，朋友也是无能为力的。

正方：作为朋友，难道应该看着朋友走入歧途视而不见吗？

反方：作为朋友，难道可以侵犯朋友的人身自由就因为自己的出发点是好的吗？

就这样在不断的提问下，观点不断走向深入。

第三步：思考其他的可能性或者想法，发表意见，提出让人心悦诚服的答案。

正反双方结合各组的提问和思考，思考是否还有其他的可能性，各自给出了小组的最终见解。

由于不是辩论，所以允许双方保留观点或者改变原有的观点。孩子们有的认为朋友之间也应该保留界限；有的认为必须在朋友迷失的时候用尽办法帮他一把，以后他会感激自己；有的认为视事情的严重性而论，如果事件不是很严重，还是让朋友自己经历一些挫折，自己顿悟。在这个过程中，有的孩子的固有观点改变了，有的孩子坚持己见，但他们都知道，要得到合理的观点，必须经过合理的探究。

深入思考三步骤，在生活中锻炼孩子的"说服力"

关于建立自我意见的三个基本步骤，事实上可以用在任何对人、事的评断中，它是我们客观地深度地思考的底层逻辑。在生活中，遇到问题时，也可以使用这种方式锻炼孩子的"说服力"。

孩子学习到的一切知识和技能，最终是为了让他们能够更好地生活。

比如有一次，女儿因为数学测试成绩不好，便觉得老师不喜欢她，在言语上有意挤兑她。事实真的是这样吗？

那么遇到这样的事，不是马上去找老师，而是和孩子平和地、深入地分析探讨。

第一步：依然是核查事实。老师是如何"挤兑"的？具体说了什么？语气是什么样的？当时的场景如何，请孩子详细地描述出来。其他同学是否也对这位老师有类似的评价或者感受？

原来老师在上课的时候，对这次考试不太理想的孩子进行了不太友好的批评。

第二步：找到原因。自己为什么这么想？因为考试不理想，自己本来就有点"怯"老师，加上数学老师比较严厉，语气显得生硬，所以就觉得是老师"挤兑"自己。但是"挤兑"是事实吗？还是只是自己的感受和想法？

分清事实和观点对是否能够进行正确的判断非常重要。

后来发现，老师严厉地批评了大家是事实，但是并不存在"挤兑"某个人，因为是对着全班同学说的话。

第三步：思考其他的可能性，得出更客观的思考。老师可能是因为这次全班成绩太差而有些情绪，就像家长偶尔也会如此。可以通过观察老师之后的表现，来评判老师是否有针对个人的意思。

后来隔了两天，孩子回来告诉我，老师挺好的，最近对他们每个人都特别亲切。所以，那可能只是她自己想多了。

深入思考三步走，事实上也是让孩子学会自己做出更客观的判断，这样孩子才能对自己更有自信，也进一步能确认自己的想法。

给孩子七副思辨眼镜，深入阅读不再难

思辨性的阅读与表达是拓展孩子质疑与批判、分析与论证、生成与运用、反思与评价等能力的要素，以思辨为噱头的教育项目也层出不穷，但是究竟是"李逵"还是"李鬼"，还是需要警惕一番，毕竟孩子的时间珍贵且不可逆。

特别对于二年级以前的孩子来说，尚未达到有效的逻辑思考水平，而思辨要想有所深入，背后需要的是孩子缜密的分析和思考能力，以及逻辑推理能力。

我们不能为了思辨而思辨。思辨的前提是，一个优质的值得思辨的问题，而对于年龄越小的孩子，问题最好是与他的经历和生活息息相关的。不然对于一个还处在"浪漫"地学习语言和思考阶段的孩子，思辨反而成为一种"拔苗助长"。

优质的思辨问题从哪里来？从阅读中来、从生活中来、从经历中来。如果思辨的问题是脱离了孩子的理解范畴，那么孩子的思维中也很难发生点什么。

空洞的伪思辨

今年重庆中考的一道政治题登上热搜。考题给出几段材料，并列出"彩礼是一种过时的习俗，应该被取消"和"彩礼是一种婚嫁风俗，不应该被取消"两种观点，要求考生选择一种观点，分析其合理性。

许多走出考场的学生纷纷表示"此前没了解过彩礼""根本不知道怎么答"，还有人认为："它就是一道披了让学生从材料中提炼信息的非思维题而已,彩礼只是一个幌子。"更有网友表示:"现在考试的考察范围越来越广了,让孩子们适当了解一下社会问题挺好的。正确对待,理性思考就可以。"

其实,稍加分析我们就会发现,考题在一定程度上其实忽略了"考场思辨题"中"思辨"的重要性。真正的思辨是基于对事件的充分了解和调研,通过思考后形成自己的观点。而十四五岁的孩子,对"彩礼"这个概念相对比较陌生,更谈不上"针对这个概念形成自己的观点"。

这就是一个标准的"伪思辨"。在日常的阅读中,也要注意到这个问题。很多所谓的思辨,可能根本不是基于事实、经验以及阅读内容的思辨,就像水中花、镜中月,看起来很美好,其实除了热闹什么也没有。

基于阅读的思辨

什么是基于阅读的思辨?

就是在阅读中,不只停留在对故事和情节本身的关注上,而是在读懂故事、知晓内容后进行思考,形成自己的观点和评价,进一步深入探讨和理解,突破简单的文字描述的感受层面,形成更有深度和思辨性的阅读发现。

比如,带着孩子,在故事中寻找人物或者情节之间的关联,理解人物的语言、行为,事情发展的原因,对材料中的事件进行多角度合理地分析、判断和论证,让孩子从阅读的内容里产生"自己的想法""自己的发现""自己的观点"。

基于阅读的思辨最重要的是,孩子所有的思辨和批判,都是建立在忠实阅读、倾听的基础上,不是误读、乱评。

在日常阅读中,对于孩子思辨能力的引导,我推荐让孩子使用"七副眼镜阅读法",实现多角度多层次的文本分析和讨论。我们以罗尔德·达尔经典著作《查理和巧克力工厂》为例。

1.真假眼镜：分析这个故事是真是假

无论是一篇文章还是一本书，首先不能被错误信息所蒙蔽。通过查资料、做实验以及生活的常识，可以初步判断信息真伪。

具体来看，在阅读中，让孩子找出自己认为可能不是真实的内容，以及自己觉得不合理的内容。比如，威利·旺卡能造出像变魔术一样的糖果这可能吗？世界上真的有喜欢巧克力的矮人国的小矮人吗？世界上真的会有父母让孩子无限度地吃甜食吗？

在产生疑问的基础上，引导孩子得出结论。让孩子说说，你觉得这些情节是真实的吗？为什么呢？做出判断，给出理由（提醒孩子，这是一个童话故事，和我们的生活相比肯定有不合理之处，作者为什么要这样写？它和我们的生活有哪些相关之处？）。

2.得失眼镜：故事主人公得到了什么，失去了什么

回想：主人公在故事里做什么了（小查理有礼貌、遵守规则、不贪心、和家人相亲相爱等）？

他得到了什么：最后的胜利！威利·旺卡的巧克力工厂。

他失去了什么：平静的生活，属于他和家人在一起的时间。他可能会变得非常忙碌。

思辨能力升级：我们做任何事，有所得，也可能有所失。

3.大小眼镜：从故事不同层面和角度来看，会得出什么样的观点

大的层面是指从整体的、社会的甚至世界的层面。比如，为什么会有小查理这么穷的家庭？这样贫富差距的情况是故事里独有的吗？对此你有什么样的观点？

小的层面指从个人、家庭层面出发。比如，威利·旺卡为什么要选择小查理？其他孩子都有什么样的缺点？对此你有什么样的结论？

4.正反眼镜：从事情的正面和反面不同角度发现不同

正面看：主人公做得对吗（威利·旺卡惩罚那些孩子，把他们变成奇怪的样子）？

反面看：他做错了什么（那些孩子们任性、贪心，受到了应有的惩罚）？

得出结论：这个世界有它的规则，不能任性妄为，否则会受到惩罚。

5.主次眼镜：故事的主要冲突是什么，次要冲突是什么

主要冲突：大家都想得到威利·旺卡的巧克力工厂。

次要冲突：威利·旺卡之前被小偷偷走了配方，导致工厂停工。

6.长短眼镜：这件事的发展，从长期看和短期看，是否合理，人物的选择是否正确

短期看：威利·旺卡通过抽奖+竞争的方式选择了小查理作为继承人，这是很公平的。但如果所有参观券都被有缺点的孩子拿到就糟糕了。

长期看：查理作为一个巧克力都很少吃到的孩子，是否有能力成为巧克力工厂的继承人？

7.前后眼镜：故事向前看，分析事情发展的原因；故事向后看，有哪些问题会出现

前因有哪些：查理家特别穷，但他和家人感情很好，从他的言行举止可以看出来，他是一个品质优秀的孩子。

后面发生什么：查理凭借自己的优秀品质得到了奖券，获得了工厂继承权，他也可能会让巧克力工厂变得更好。

在孩子阅读前，我们可以把这7副眼镜写下来，让孩子在阅读中边思考边填写。父母也可以和孩子一起填写，看看大家的观点有什么不同，理由都是哪些。注意，如果孩子的观点不合理，不要急于纠正，引导他从文本中寻找原因，思考为什么不合理。对于不同于我们观点但合理的内容，给予孩子充分的鼓励和肯定。

"自我意见建立法",孩子学得会的哈佛思考课

"我不同意你的观点,但是我誓死捍卫你说话的权利。"这句话被认为是伏尔泰说的。但是事实上,是来自英国女作家伊夫林·比阿特丽斯·霍尔,出自《伏尔泰的朋友们》这本书。我们经常用这句话来表明立场,同时也传达出对意见双方的尊重,这本是一个有修养的社会人应该具备的基本素养。

但在网络时代,人人"键盘"在手,每天无数的个人观点在网络上产生,有的引起喧嚣,有的甚至危及他人性命,在这样的网络环境下,让孩子具备批判性思维,能够通过思考,形成自我坚实客观的意见尤为重要。

我们经常说,凡事要趁早,在学习层面,我们担心孩子落后,于是给孩子报了很多班,一切从娃娃抓起。但是在构筑孩子的独立思考能力,培养孩子成为"通情达理的探究者"方面,却往往显得"力有不逮",或者过于"顺其自然"。

事实上,孩子对思考的需要无所不在,孩子对于发表自己的独特见解的需求也无处不在。

孩子需要通过思考来处理自己遇到的问题或者困惑,需要通过思考判断成人灌输的价值是清晰明了还是模糊混乱,是充满歧义还是值得遵循,需要通过思考来分析、探究、构建与他人之间的关系,从而学会欣赏、关怀和共情。而培养这种独立思考的能力,逐渐形成建立自我意见的思考方式,既要趁早,也需引导。

在美国,从小学开始,老师便在课堂上引入以下的策略来引导孩子们多元化思考,从一两句话开始,便引导孩子表达"评论性的观点"。在

这样日积月累的浸润下，深入思考已然成为一种习惯。而我不得不遗憾地说，我们的孩子却大多生活在"权威"之中，以老师和教案为中心的被动学习中，这也让许多高中老师深感头疼，曾有在高中教授物理的老师向我吐槽，在需要运用高阶思维能力的高中阶段，很多孩子还在沿袭小学、初中的学习方法，等着老师去讲解，学习效能非常低。

"你为什么这么认为？"让孩子看到思考的根源

在哈佛教育学院的课堂上，为了培养学生们在回答问题时提供证据解释的能力，老师会使用"你为什么这么认为"的思考策略。

不要小看这个策略，它可以让我们在发表意见和观点时，更加趋向于寻找客观的证据，而不是只凭联想或者直觉，或者跟着情绪走。

"你为什么这么认为"在培养孩子的深度思考方面，可以说是一个神奇的问题。事实上，仅此一个问题，不断深入下去，你就可以逐渐发觉，孩子的思想深度和理解能力是完全超出我们想象的。

它可以让你看到孩子内心真正的想法。

比如在和五年级的孩子们一起思辨阅读《西游记》的时候，我问他们，你们觉得孙悟空大闹天宫对吗？如果缺少"你为什么这么认为"这个环节，那么孩子就会凭记忆中碎片化的信息去得出自己的理解。当有这个问题做支撑，孩子们就会主动去寻找证据。

有的孩子说，我觉得是对的。因为玉皇大帝看不起他，给他个弼马温的官当。在见识到他的本领后，为了息事宁人，答应封他为"齐天大圣"，但却有名无实。这是对孙悟空的侮辱啊。

有的孩子说，我觉得不对。因为天庭本来就是有等级制度的，孙悟空虽然本领高强，但是也要从基层干起，积累一些"业绩"。一下子就要当"齐天大圣"，这个"闹"，就跟我学习最好，我就要当班长一样。学习好，不代表就有管理能力，所以这并不合适吧。

"你为什么这么认为"实际上就是在让孩子为自己的结论提供客观

思考的证据，对于年龄大一些的孩子，我们也可以问孩子"你有什么证据？"或者"你能找到什么论据来支撑这一观点"？

这样，不仅能促进孩子深入思考，也可以观察孩子的思维过程。在这个基础上，进一步引导孩子，用他们自己的叙述，帮助他们找到自己思想的根源。所谓"问渠那得清如许，为有源头活水来"。帮孩子看见思维的源头活水，那么慢慢地，他们也会善于多问自己，我为什么这么认为，我这么认为是对的吗？我的依据可靠吗？孩子的分析能力和解释能力就会逐渐得到提升。

环形视角，让孩子看到不同的角度

在阅读中，孩子们容易囿于自我为中心的模式，比如阅读《哈利·波特》，他们很容易就受主角身上的光环所影响，而将所有的注意力都放在哈利·波特身上，事实上许多次要人物也有自己的性格特点，就像让大家讨厌的角色马尔福，如果我们深入思考，会发现在他身上也有值得理解的部分，也有值得欣赏的地方。

任何时候，囿于以自我为中心的模式，是很难进行客观的思考的。哈佛教育学院"思维可视化"研究小组就提出了"环形视角"的思考方式。

"环形视角"就是帮助孩子学会从不同的角度看问题，形成多样化的理解能力。

依然以《西游记》为例。师徒五人取经，有人说沙和尚是一个可有可无的角色，那么我们怎么看待这个问题呢？

在读书会上，我们是围坐一圈，不同的位置，孩子们的视角不一，看到的事物也就不一样。而面对相同的问题也是如此，角度不同，答案也就不一样。所谓"大千世界，和而不同"。

站在唐僧的角度，一个团队里，断然不能少了踏实听话的人，沙和尚一路任劳任怨，从不给唐僧添堵，累活儿重活儿都是他干；孙悟空一个不高兴可能撂挑子；猪八戒一个犯懒可能把东西丢得一干二净；白龙马是唐僧的坐骑，驮了行李都不能驮唐僧，所以，从唐僧的角度来说，沙和尚是不可或缺的。

从孙悟空和猪八戒的角度，这样一个队友，也是不可或缺的。如果没有沙和尚，那行李就轮到猪八戒来背，他肯定不愿意。孙悟空要降妖除魔，毕竟这一路艰险，不可能顾及那么多琐事。

从取经的贡献来说，虽然沙和尚斩妖除魔的贡献没有那么多，但也不是毫无建树。比如狮驼岭一战中，孙悟空三头六臂也不能一下敌三个妖精，沙和尚作为辅助也是功不可没。每次孙悟空和猪八戒不在唐僧身边时，也亏得有沙和尚看顾。

最后再从"功德圆满"的角度，度化沙和尚也是唐僧九九八十一难之一，缺了他，功德就不能圆满了。

当我们以"环形视角"来分析问题时，不论答案是否统一，但都为我们提供了思考的维度。善于使用"环形视角"，孩子逐渐就学会用丰富的视角看待问题，不会变得墨守成规、偏执和一意孤行。

帮助自己表达不同角度思考的常用启发性句式有：

- 我从……的角度思考……（事件/问题）
- 在我看来（描述话题，站在人物的角度进行分析），因为……
- 从这个角度分析，存在一个问题……

在进行"环形视角"的讨论时，首先需要有一个需要探讨或许需要分析的对象，可以是图像、故事、问题、事件和话题等。其次让孩子们可以表达自己的观点，让观点飞一会儿。然后再让孩子或者小组选择一个想要深度探讨的角度。在角度确定后，再使用以上的思考句式，来说明自己的观点、思考或者证据。

"环形视角"还可以和"你为什么这么认为"组合在一起使用。当孩子通过某个视角产生了某些观点时，再回答"我这么认为是因为……"来确认自己的观点，会让孩子更加信服自己的思考，也更加能影响他人，影响自己。

在读书会上，当我用这些思考方式来做引导时，当孩子们站在不同视角碰撞出闪烁的火花时，你可以看见孩子们的思考是多么耀眼和珍贵。

"红黄灯"法则，让孩子学会深思熟虑

孩子在阅读中和学习中的"卡点"到底在哪？事实上在于孩子没有意识到在自己阅读和学习的什么阶段发生了哪些困难？而这些困难，被一张试卷模糊地掩盖了。所以孩子需要学习的，反而是如何监控自己思考，在阅读中遇到了哪些困难，使用什么方法可以帮助自己读得懂，能理解。

我们不可能教会孩子一切内容，虽然看似"授人以鱼，不如授之以渔"这个道理人人都懂，但是在学习的情境里，似乎大多人都分不清"鱼"和"渔"。在哈佛教育学院推崇的教孩子批判性思考的思路里，有一个"红黄灯法则"。这个法则在我看来，就是让孩子学会监控自己思考的非常有效的方法。

"红黄灯法则"取路灯的作用为意象。老师在阅读课堂上为孩子准备红黄绿三种颜色的笔，在阅读的过程中，对于自己不能理解的部分画上红线，对于模棱两可的地方，自己有疑惑需要停下来想一下的部分画上黄线。那么绿色就是完全理解，可以继续往下读的部分。

美国密歇根州一位小学五年级的老师在课堂上教孩子们使用"红黄灯原则"的思维方式后指出："在我看来，红灯为学生提供了一个推翻看似逻辑严密的论断的机会，'黄灯'则意味着保持怀疑态度、不迷信权威。推广'红黄灯法则'有利于提高学生讨论、反馈和自我反省的能力。"

对于许多孩子来说，阻碍他们"深入理解"的最大敌人就是"自以为理解了"。而"红黄灯法则"则可以让孩子通过自己的思考，进行深入提问，以达到正确的理解。在正确理解的基础上，才能进行彻底的思考，得出客观的意见或观点。

第四章

从阅读到写作，
在阅读中汲取写作营养

破译作家的写作密码,让阅读为写作加分

我是如何从阅读中学习写作的?我试图从这个过程中总结出一些普遍性的经验,来教给来工作坊的孩子们。工作坊是师傅带徒弟的地方,除了阅读和写作的常识、技艺,必然还有个体化的亲身经验,我是如何逐渐过上一种读写生活,并以此来影响和构建我的整个人生,我拥有怎样的读写心灵读写态度,这也是会影响孩子们学习的因素之一。

一个教读写的人,自己必须是一个更深层次的阅读者和写作者。

托马斯·福斯特说,小时候他常跟爸爸去采蘑菇,可他总是看不到蘑菇,爸爸便会说"那里有朵黄色的松菇"或"那边有几朵黑色的尖顶菇"。他是一位文学教授,而我是一个读写教练,我想我做的事与他类似,就是在遍地都是蘑菇而读者看不到的时候,提醒一下。

还有一点,"任何有抱负的作家都可能同时也是如饥似渴、积极上进的读者",这一点可以说毫无例外,在我阅读过其作品的作家里,我几乎找不到一位不是深度阅读者。

所以我们常说,要想学会写作,就得大量阅读。但是通过阅读真正打破读写天堑的人却又少之又少。歌德道出了其中的真谛:内容人人看得见,含义只有有心人得知,而形式对大多数人是一种秘密。

阅读者需要有心人,需要看破作家写作形式背后的一切秘密。

如何破译作家的写作密码?无非了解故事的内容、含义和形式。总结起来简单,但实际上当我们进入文字迷宫,就只会"当局者迷",那么,如果有人告诉你几个走出迷宫的要素,我们便会勘破其中的机要。

第一步：内容探究，了解情节、背景和人物

要读懂一个故事，必须要厘清整个故事的线索。什么是故事的线索呢，就是贯穿整个故事的脉络，是事情的起因、经过、结果，是产生问题和解决问题的一系列方法，是开端、发展、高潮和结局等。总之线索如其命名，是把所有情节、所有细节、人物命运等巧妙地串联在一起。

帮助孩子厘清线索，就是帮助他们读懂故事。

怎样帮助孩子把握线索呢？下面是我用到的几种思维工具。

1.绘制人物行动路线图来把握线索

故事是由许多场景组成的，有时候人物的动线就是文章的脉络。比如《西游记》，师徒四人一路向西，经过的地方都会发生一些故事，也是以西天取经这一线索来组织情节的；《查理的巧克力工厂》是以几个孩子参观工厂的不同地方发生的事情为线索；《神奇收费亭》中主人公米洛从期望国、懒散国一直到最后的空中城堡，最终完成了蜕变。

绘制路线图的过程，就是梳理线索的过程，在这个过程中，孩子们可以整体把握文章的脉络，对故事的内容有全局性的掌握。

画故事路线图需要孩子回到文本，以这项任务为目标，按照故事发生的先后顺序将人物的行动动线梳理出来。在这个过程中，故事会再次以图示的形式，展示在孩子的头脑中，整体性也就自然而然地展现了出来。

2.用写故事日志的方式帮助孩子把握脉络

能让孩子在阅读时积极主动地思考故事的主要方式，就是问他们这个故事是关于什么的或者关于谁的，以及故事里发生了什么事。让孩子重述故事，是保证他们理解故事内容的一个有效方法。

我们可以让孩子学会辨认故事的关键组成部分，告诉他们，故事的关键组成部分有人物、背景、问题和解决方法，让孩子们复述。对于有书写能力的孩子，我们还可以让他们写"故事日志"。

在写故事日志的过程中，孩子们会逐渐内化故事的主要元素，并将这

些主要构成部分迁移到自己的创作中。

3.绘制人物图谱来把握故事线索

在人物相对复杂的故事里,人物之间的关系也是读懂故事的重要线索。要想读懂内容,必须要能读懂人物之间的关系。我发现很多对名著望而却步的人,读不下去,觉得像在迷宫里,其主要原因是他们没有把人物关系弄明白。

在绘制人物图谱的过程中,我指导孩子们以主要人物为核心,俯瞰整个故事,将出现的人物逐个与主要人物勾连起来,并标注出他们之间的关系,以此探索出整本书的人物关系图。

对于刚开始学习这项内容的孩子,我会把框架搭建起来,示范几个人物关系,其他的人物让孩子们自己探索。在孩子的阅读全局思维逐渐发展起来之后,便让他们自己绘制。

帮助孩子了解和把握整本书内容的方式方法还有很多,其主要目的也就是锻炼孩子宏观把握全局,准确地掌握一本书的内容。

第二步:探究含义,故事告诉了我们什么

探究含义,就是探究作者为什么写这本书?他想传达的思想和观点是什么?他希望读者能够思考哪些议题?

作者在一本书里可能表达了很多观点,隐含了许多需要读者去挖呀挖的彩蛋,但往往不是所有的读者都可以这么幸运,这需要我们善于推断,还需要具备更多的阅读经验。当我们的阅读经验越丰富,就越能够轻而易举地发现作者隐含的观点。

在带领孩子们寻找彩蛋的时候,作为引领者,常用的问题有:

(1)你觉得作者留下了什么问题让你思考?

(2)故事中的人物教会了你什么?

(3)人物有哪些变化和成长?

(4)故事让你明白了什么道理?

（5）故事中的人物犯了哪些错误，他改正错误了吗，得到了哪些启示？

（6）一人物的行为对另外的人有什么影响吗？这让你学到了什么？

（7）故事中的道理在我们的生活中有价值吗？

探究含义，需要我们带着孩子层层递进地对话、探索，直到讨论出作者的真正意图，以及他的观点带给我们的思考和改变。

在《做一个阅读中的"哲学家"，体会作者的观点》这一章节，我将分享更为具体地探究含义的策略。

第三步：探究形式，向作者偷师

想要向作者偷师，需要是一个阅读中的"观察者"。观察什么呢？观察作者是怎么谋篇布局的、是怎么选择叙述视角的、是如何遣词造句的，是怎样在语气语调中融入个人风格的。

而恰恰是这些叙述的特点，让作者们千人千面，每个人都能带给读者不一样的阅读体验。

我们时常说"以读促写，以写促读"，《语文课程标准》也明确指出："在作文教学中，要引导学生把从阅读中学到的基本功，运用到自己的作文中去。"读和写之间究竟是如何联动，互相促成的，也是我在读写工作坊一直探索和实践的部分。本章后面的章节，聚焦的便是阅读中的"探索"，从结构到细节，从人物到主题，从内涵到思辨。当孩子在阅读中将作者创作的大门一道道打开，就相当于他们掌握了打开文学大门的钥匙，而剩下的路，便是循着这些足迹，探索自己的创作版图。

做阅读中的"建筑师",破译结构的密码

万事万物都有"结构"。小到一粒灰尘,大到整个宇宙,都有其结构。

绘本作家郝广才说:"结构,是主体和零件,还有零件彼此间的关系。建筑是主体,构成主体的地基、梁、柱、墙、门是零件。亚里士多德、释迦牟尼、达尔文、弗洛伊德、皮亚杰……这些对人类有重大贡献的人,都是发现、发明、发展出一个结构,找到其中主体与组成元素,以及元素与元素之间的关系。所以,关键在掌握'结构',只有结构正确,房子才不会倒。"

做编辑的时候,常常需要在被稿件塞满的邮箱中,找到令人眼前一亮的作品。时间久了,会发现成熟的作者和新手之间,有一个非常大的区别,就是文章的结构清晰与否、巧妙与否。新手缠绵于文笔和细节,但往往构思缺乏新意,只能将文章退回。

写作者要布局"结构",那么阅读者,要读懂文本,就需要戴上一双"X光"眼镜,看到琳琅满目的细节,是怎么被安排进框架之中的,从而将这些运用结构的策略迁移到自己的创作中。

在整个义务教育阶段,事实上我们的孩子接触的多是叙事性的文章,以及极少的说明性和议论性的文章。当我问到孩子们,你们知道的关于文章的结构都有哪些,他们会回答说:总分总、总分、分总。这仿佛在说,所有的房子都有一楼和楼顶。对于单篇短章来说,理解这种大结构就相当于理解了作者的组织方式。但是,对结构识别得越精微,越有利于理解和写作。

故事的结构就是作者讲故事的方式

玛格丽特·阿德伍德在她的创意写作课中举了一个特别有意思的例子来讲结构。

她以小红帽为例告诉大家，故事的结构就是你讲故事的方式。

小红帽的简单版本，就是按照事情的发展顺序来讲故事。这个故事人尽皆知，小红帽穿过森林去看外婆，路上想为外婆采一些花朵，结果遇到了大灰狼。大灰狼打扮成小红帽的样子，将外婆吃进了肚子里，接着就发生了后面那些人人都知道的事。

阿德伍德示范了用其他方式来开始这个故事。当结构改变，创意似乎也就发生了。

比如，"狼一肚子坏水，祖母被整个吞了下去，一句话也说不出来，因为在狼的肚子里难以呼吸，狼的肚子里还有没有消化完的肌肉，和被狼误食的塑料袋。她只好静静地听狼穿上她的睡衣，戴上她的睡帽爬上了床。然后开始对她进行糟糕的模仿。祖母说，模仿得真糟糕。"这个开头就让故事有了一种荒诞和幽默的味道。故事再往下继续，素材还是以前的素材，但是味道就不同了。阿德伍德真的是讲故事的高手。

她还举了些例子，比如，"我们可以从狼的角度来讲述这个故事。或者我们可以用倒叙的方式来讲述这个故事——每当祖母回想起她在狼的肚子里度过了那么可怕的时光……"或者"我们可以像侦探小说一样开始：地上躺着一只狼的尸体，或者两只（在有些故事中，祖母并没有从狼的肚子出来）……是什么导致了这两起谋杀案？"

阿德伍德不断改变讲故事的方式，本质上她改变的只是组织故事的方式。"所以你从哪里开始，以什么顺序讲述事件，这是变量，它背后的故事情节是一样的。"

结构是什么？《大师写作班：这样写出好故事》里，对结构的定义是：结构就是以特定的方式组合故事的各个段落，让读者容易了解；换句话说，结构就是为服务读者，而将组成故事的元素依序排列。

罗伯特·麦基在《故事》中说：结构是对人物生活故事中一系列事件的选择，这种选择将事件组合成一个具有战略意义的序列，以激发特定而具体的情感，并表达一种特定而具体的人生观。

无论大师们如何定义结构，其中的核心都是，任何优秀的创作者，都深谙将事件按照某种方式进行排列、构思。"如同音乐的谱曲一样。什么该取？什么该舍？什么在前？什么置后？"

他们想表达的核心观点就藏在他们的结构中。

我们经常说到的顺序、插叙、倒叙是结构。我们说的起承转合是结构。我们说的时间顺序、空间循序也是结构。但这都不足以覆盖所有的结构，结构是可以创造的。

在阅读中读懂作者的结构，我们就读懂了整个故事，可以更加精确地接近作者观点。在写作中，我们怎么排列脑海中的写作素材就是构思。

当然，构思的第一步，永远是先有素材。

在阅读中破译文本的结构是理解的第一步

从一首诗到一篇记叙文到一部小说，从说明文到议论文，作者像建筑师一样，都会建出他的结构。

帮孩子理解结构，事实上就是帮助孩子理解作者是怎么将一个个事件别具心思地串在一起的。

1.用时间轴帮助孩子重构文本线索

《窗边的小豆豆》虽然是黑柳彻子在巴学园生活的点点滴滴的故事组合，每一篇都是一个独立的故事，但是整本书依然有一个整体的结构，那就是小豆豆从进入巴学园到巴学园被炸毁这样一个时间线，所有的故事按照发生的前后顺序，被安排在这个时间线中。

我问孩子们，在阅读这本书的时候，我们随便翻开一篇读都可以，不会影响我们的理解。但是，大家再看看目录，思考一下，这些故事可以打乱吗，可以不按这个方式排列吗？

孩子们在"观察""分析"之后，告诉我，不可以。为什么不可以呢？他们看穿了我的目的。因为每个故事的"位置"就必须在那里，是按照发生的前后顺序排列的。

那么，我们尝试一下，根据自己的阅读感受，把标志性的关键事件，按照发生的时间先后顺序筛选出来，组成一个时间轴。

于是，我们就得到了这样一个整本书的结构图示。

小豆豆退学——小豆豆进入巴学园——小豆豆在巴学园的丰富生活——小豆豆的好朋友泰明死了——茶话会告别——巴学园被炸毁

当这样一个结构图示展现在孩子们面前时，孩子们对整本书的内容，就有了结构性的认识，对于他们进一步理解主题，便打下了基础。

2.用鱼骨图帮助孩子探索故事主题

但是我从不会直接将结构给孩子们梳理出来，我们可以借助一些思维工具让孩子自己去探索结构。

比如，鱼骨图、情节绳、情节山等。

在阅读《战马》的时候，我让孩子们借助"鱼骨图"来梳理整本书情节的组织方式。

鱼骨的上面和下面可以分别对应一个故事中的元素，但是需要上下呼应。

于是孩子们讨论出，鱼骨的上面可以是战马乔伊遇到的不同的人，鱼骨的下面，可以是这些人的命运。

于是，孩子们绘制出了这样一个结构图示（图4-1）。

在观察这个鱼骨图后，我引导孩子们从不同角度谈谈他们的发现。

有的孩子说，这些战争中的人结局大部分都很悲惨，所以战争真的很残酷。

有的孩子说，战马乔伊遇到的人大部分都对它很友善，战争中的人其实都很善良。

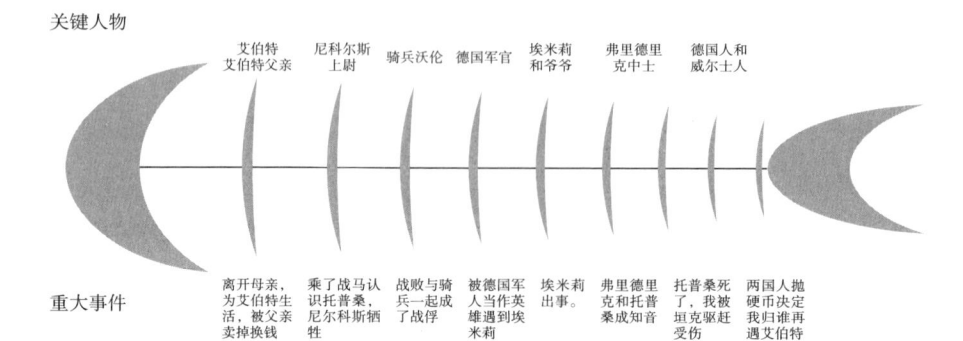

关键人物: 艾伯特、艾伯特父亲 | 尼科尔斯上尉 | 骑兵沃伦 | 德国军官 | 埃米莉和爷爷 | 弗里德里克中士 | 德国人和威尔士人

重大事件: 离开母亲，为艾伯特生活，被父亲卖掉换钱 | 乘了战马认识托普桑，尼尔科斯牺牲 | 战败与骑兵一起成了战俘 | 被德国军人当作英雄遇到埃米莉 | 埃米莉出事。 | 弗里德里克和托普桑成知音 | 托普桑死了，我被坦克驱赶受伤 | 两国人抛硬币决定我归谁再遇艾伯特

我的发现（尝试寻找不同的角度）：
1.战马遇到的人都和战争有关，如，德国军，被战争伤害的埃米莉和爷爷等。
2.战马的任意一个主人都善待它，它没有被虐待过。
3.战马会好好对待每一个主人。

有的孩子说，战争中的人和动物都身不由己。

……

图4-1 《战马》的"鱼骨图"

通过研究故事中的元素捕捉结构，可以让孩子们自己探索出文本的丰富主题，而这也正是孩子们思维发展的重要一步。

3.用"情节山"帮助孩子厘清复杂情节的关系

我们时常用"情节山"来帮助孩子厘清文本的结构。"情节山"对应的是故事的开端、发展、高潮、结局。"情节山"帮助孩子了解故事情节是如何推进的，帮助他们观察到情节之间的联系，看到人物之间的矛盾是如何进一步发展的。

在帮助一二年级的小朋友理解"情节山"时，不能一下子把这么大一个"任务"扔给孩子，看上去只是一个"图示"，但是背后需要他们理解故事的要素，事实上让低年级的孩子理解故事的要素，我认为会妨碍他们的阅读兴趣以及和故事进行联结。

但是我们可以把结构这个认知概念背后想要发展的能力，隐藏在游戏中。比如玩一个"我坐故事过山车"的游戏。在读《兔子坡》的时候，我借助"情节山"来让孩子们复述故事。

故事刚刚开始的部分，一般主要介绍故事中出现的主要人物和他们要面临的问题。就像我们刚刚坐上过山车，我们需要绑好安全带，做好准备，作为主角的我们要开始体验这未知之旅了。

故事的发展是上升的情节，就像过山车开始启动，缓缓上升，这时候速度还不是特别快。在故事中，人物开始解决问题，是上升的情节。

慢慢地，故事到了最精彩的部分，人物之间的矛盾到达了高潮。就像过山车开到了最高的地方，哇，让人心惊胆战。

当问题解决后，故事缓缓下行，直到结束。人物通常会领悟一些道理。就像过山车停了下来，你的心跳开始平缓。

只是根据"情节山"来复述故事本身，已经在"锻炼"孩子们的表达能力、抓住重点事件的能力以及对结构的初步感知的能力。

往往当孩子们挑战的文本变得复杂时，他们会发现，故事里面不止一个"情节山"。

那么在阅读的时候，读者就需要跟进两条甚至两条以上的线索。

比如在阅读《洞》时，一开始有的孩子会被其中的线索绕迷糊。由于这本书作者在创作的时候，已经表明态度，这是一本尊重孩子智商的书，所以作者就没有打算以简单的结构来组织情节。

而《洞》同时讲了三个故事。这三个故事可以归纳成三条情节线。

一个是主角斯坦利因被"误会"而进入翠湖营"改造"，在这里他经历的一系列事件。

一个是跟翠湖营的背景有关的故事，关于西部大逃犯，有"死亡之吻"之称的凯特·巴洛的故事。

一个是斯坦利的曾曾祖父的爱情故事，也是他们家一直遭受诅咒的原因。

这三条线互相交织，故事中的要素互相影响，因而有"拼图式"小说之称，也被称为"儿童版肖申克的救赎"。

为了更好地让孩子理解这本书，当他们用"情节山"将这三条线梳理出来，他们就看到了故事中诸多要素之间的联系究竟在哪里。

在阅读中，对结构思维的训练很重要。郝广才在讲《好绘本如何好》时说："经过结构思维的训练，孩子脑袋里会有图像思考的艺术。学过下棋的人，他有阵势，完全不懂的人，脑袋没有围棋的结构。连打架都是这样，乱打打不过。学过咏春，打架有一个结构。打球也是，找到结构来突破。其实绘本是在谈一个思考的结构。"

不仅是绘本，阅读也是在谈一个思考的结构。

而持续研究作者如何组织故事，就是在训练孩子的结构化思维，不仅有助于他们理解文本，更能影响孩子们的写作。

做阅读中的"小演员",站在角色的角度阅读

在阅读中,如果不能理解角色,基本上我们就很难理解作者的写作目的,也就很难和作者进行真正的对话,更谈不上去深度理解一本书的主题。

当我们希望孩子拥有"读者"这个角色时,也就意味着,无论多寡,都是要和角色发生联系的。

女儿三年级的时候读日本作家岛田洋七的《佐贺的超级阿嬷》,读到主人公离开阿嬷的章节时,哭到不能自已。这大概是最真实的联结了。她当时发誓再也不看这本书了,隔了两天,她又跟我说:"人最不了自己,最清楚别人"、"人生就是总合力",这都是阿嬷告诉洋七的,她把这些话刻在了小小的脑子里。就像小说家格雷厄姆·格林说过的:"人的童年总有一瞬间,门开了,未来开启了。"即便是只有三年级的孩子,在阅读中也一样需要情感、意义和满足。这和我们成年人读书并无二致。

时隔一年,我再次和女儿聊天,我问她,在你读的书里面,最让你有能量感的三个角色是什么?她说,第一个是《佐贺的超级阿嬷》中的阿嬷,第二个是《气泡男孩》中生病的男孩,第三个是《玛蒂尔达》中的玛蒂尔达,这三个角色分别是一个老人,一个不能接触空气的男孩和一个要打破偏见成为女科学家的女孩。

我们说阅读塑造人的精神世界,事实上是书中的那些人物重塑了我们的思想。在理解作者如何设计角色、塑造角色的过程中,读者的精神世界也随之发生着化学变化。我们或者"感同身受",或者代入角色而获得了某种力量,或者因为不赞同角色的做法而进行更为深刻的思考。总之,我们需要和角色"有所纠缠",如果在阅读中我们始终扮演一个"木头

人",那么,我们很难真正读懂一本书。

从镜像神经元到同理心,通过与角色互联来理解角色

阅读需要同理心的参与,同时也会让我们更加具备同理心。

从脑科学的角度来说,人类存在一种特殊的脑细胞,就是镜像神经元。镜像神经元有什么作用呢?简单地说,它让我们人类具有模仿他人行为的能力,有解读他人意图的能力。当我们观察别人做某件事时,我们大脑中用来做同样事情的神经元就会变得活跃,就像我们自己也在亲自做这件事一样。因此它能让我们对别人的经历"感同身受"。

在阅读中,镜像神经元也发挥着同样的作用,在我们阅读故事、理解故事的时候,我们会对故事中描绘的事件进行心理模拟。因此,我们会对人物的心理、处境、感受等做出推测和共情。

以世界上最短的六字小说为例。海明威和朋友打赌时用六个字写了一篇小说:转卖:婴鞋,全新。

我们可以感受一下我们的大脑是如何处理这六个字的。我们会在头脑中想象画面,想象婴儿鞋的意象,我们进而推测文字背后的意思,全新的婴儿鞋为什么会被转卖?婴儿身上发生了什么?父母呢?他们该如何面对背后的事实?

是不是细思极恐,六个字后面,可以容纳太多我们的揣测,我们去揣测文字背后的思想、角色的感受,从而感受到这六个字的张力。

但是如果我们不去深究,不去带入场景,不去思考角色可能的经历,那么我们就很难读出其中的意味。

在阅读的时候,我们可以时常让孩子和角色进行换位思考。比如可以问孩子,如果你处在人物的处境,你会怎么办?你觉得当他被这样对待的时候,内心是什么感受?你能理解角色的行为吗?为什么他会那么做呢?你能从两个对立的立场为角色的行为提供合理的理由吗?

这也是在阅读中,我们需要孩子掌握的能力——和角色建立联系。要想帮助孩子在阅读时更加深刻地理解人物，首先就是需要孩子能够和角色进行联结。联结的策略我们在前面有讲过，这里就是需要孩子，将自己的经历和角色联系起来进行思考。

对于一些距离孩子生活情境比较远的文本，"角色扮演"也是许多文学课和阅读课上会使用的方法。"角色扮演"可以让孩子进入角色的状态，把自己装进角色的壳子里，去理解和感受角色的心理，从而深刻地理解角色。

福斯特说，同理心的形成只有互联。好的读者需要能够将自己带入情境，去理解角色的感受和观点。久而久之，孩子们会逐渐擅长在阅读中去关注人物的各个层面，从而深刻地理解主题。

思考人物的性格，并找出支撑的观点

在阅读理解测试中，经常出现这样的题目：这篇文章体现了主人公怎样的品质？你在人物身上学到了什么？划线句子对描写人物起到了什么作用？结合作者的描写手法来分析人物，等等。这样的题型从小学一直考到高中，不同的只是选择的文本难度在逐级增加，而它所指向的都是人物形象分析的能力。

但是我们为什么要让孩子学会分析人物形象呢？当我问孩子们这个问题时，他们面面相觑，调皮的孩子告诉我，因为要考试呗。

可能从来没有人告诉过孩子，为什么要分析人物。因为情节再好看，也需要人物来推动，如果人物塑造得很失败，情节也会大打折扣。比如，我问孩子们，如果把《哈利·波特》的主角换为马尔福，情节不变，但是由于两个人物的性格截然不同，那么，我们还会爱这个故事吗？爱这个角色吗？孩子们说，那肯定不会了，就算马尔福是主角，但也是一个品质糟糕的主角。

是的，好的情节要靠好的角色来成全。我们对作者塑造的人物理解得越通透，我们在阅读中也会发现更多作者塑造人物的"秘密"，我们才能读得更好，更有深度，更接近文本的主旨。

所以我们其实要学习的是如何探究角色身上的特点，探究作者隐藏在角色身上的每一处标签，以及作者到底是怎样做的。

只有当孩子了解了"为什么"，当我们告诉他们"怎么做"时，他们才可能产生真正探究的意愿。

即便是一年级的孩子，他们也可以说出自己对人物的看法，并给出证据。在和一年级的孩子共读《青蛙和蟾蜍》时，一年级的小豆豆说，青蛙很聪明，很有耐心，但是蟾蜍又懒，又滑稽。他们能够说出文本中角色的具体行为，为自己的观点提供证据。这时候，孩子们已经在做人物分析了。

面对复杂一些的文本，我会让孩子们自己先去观察、研究和讨论，当我们要推论出角色的性格特点时，我们可以关注什么。

他们完全有能力自己发现其中的"秘密"。关注角色想了什么，说了什么，做了什么，关注其他人物的评价，关注作者描述的时候使用的词语或者句子。

在任何学习中，孩子自己的研究成果才有价值，这代表他们"想明白了"。这些本质上就是语文老师教的"心理描写、语言描写、侧面描写等"。但是当我们总是在强调概念时，孩子可以对概念滔滔不绝，却并不能实际运用在人物分析中，或者完全陷入一种对人物的扁平化分析中。

把过程留给孩子，是我认为最有效的学习方式，无论是阅读还是其他。

在阅读一本书时，人物研究是我们必做的一个阅读任务。我会给孩子们一张策略单，有时是一张表格，左边需要他们填写从文本中收集的证据，右边写上他们推测出的性格特点。有时是一个简单的思维气泡图，中间写上人物的性格特点，周围写上性格以及自己这么认为的证据。有时让孩子们制作人物档案，在档案中显示人物的不同特质。

在不同层次的人物研究活动中，孩子需要聚焦人物，关注人物的言行举止，从而得出自己的判断，并将这些判断整合起来，得出对人物的看法和评价。

在讨论中，我们围绕人物，根据自己的研究再各抒己见，聆听和综合大家的结论，提升对人物的评价层次。

站在角色的角度，需要关注人物的成长曲线

能够分析人物的性格特点，事实上我认为只是理解人物的第一步。

除了扁平化的故事，作者塑造的任何角色都是会经历一个变化的，因为"故事令人难忘的原因不是其中发生的事件，而是事件对角色的影响"。

无论是篇幅短小的《丑小鸭》还是八十多万字的《西游记》，丑小鸭不是一下子变成了白天鹅，孙悟空也不是一个跟头就成了斗战胜佛。这些角色，都经历了各种事件对他们的影响，也都会经历一个变化的"角色弧线"。

"角色弧线"是拉约什·埃格里在《创意写作的艺术》中提到的概念，"和情节线不同，角色弧线描述整个故事过程中角色的内心发展"。

当然，我们其实不需要给孩子讲任何概念，我们只需要引导他们去发现这些埋藏在文本之中的"密码"。

比如，在阅读《丑小鸭》的时候，有经验的老师，都会帮助孩子梳理丑小鸭在不同情境下的反应、表现，也就是其变化的过程，去关注丑小鸭内心的发展。

在带五年级的孩子阅读《西游记》时，我设计了一个阅读任务，就是让孩子们关注孙悟空的形象变化。那孩子们阅读后会发现，孙悟空的角色从开始的花果山水帘洞的美猴王，到大闹天宫的齐天大圣，再到陪唐僧西天取经的孙行者，到最后完成取经之路修成正果的斗战胜佛，大概经历了这样四个时期。在每个时期，孙悟空的内心也是不一样的。

一开始，他的目标是寻得长生不老之法，而后拜在菩提祖师门下。这个时期，他的心思其实很单纯。后来有了妄念，要与天齐，觉得玉皇大帝这个位置他也可以坐坐，这时候他的看法决定了他的行为，大闹天宫后，被压在了五行山下。

被压在五行山下五百年的孙悟空，成天吃铁丸子、喝铜汁，他这时候只想有人解救他，获得自由，于是唐僧出现了。但是，孙悟空也不是老老实实就跟着取经，一个不高兴就翻着筋斗云去找老龙王喝茶。后来经过一段时间的磨合，也慢慢感受到了唐僧对他的好，成为护送唐僧取经队伍中降妖除魔的一号担当。

九九八十一难，难难不一样。但是孙悟空有些内核是不变的，他性子急，莽撞，有些自大，但也机智聪敏，重情重义，敢作敢当。

成佛之路中，孙悟空也完成了自我的蜕变，而蜕变的过程，就隐含在孙悟空的"角色弧线"中。

引导孩子们聚焦角色的外在变化很容易，但是内在的变化，也可以通过观察和研究人物来显现。当孩子们有一次研究的经验，建立在这个经验之上，他们会逐渐熟练，能够从多角度去理解人物，会去关注角色身上发生了哪些事情，这些事情对角色产生了哪些影响，这些影响最终是怎么改变角色的。

我们让孩子们分析角色，本质上不就是希望他们不仅可以读懂角色，也可以创造属于自己的角色吗？而对作者设计角色过程的了解程度，本质上可以帮助他们思考如何成为更好的写作者。

做阅读中的"美食家",咀嚼细节的力量

你知道美食家是什么样的吗?同样是吃东西,同样是酸甜苦辣咸,为什么美食家却能对食物产生更加独到精深的见解。从食材到搭配,从摆盘到味道,他们总是能够"见微知著",不仅如此,他们自己也精通美食创作,就像我们熟知的苏轼一样。

然而"人莫不饮食也,鲜能知味也"。人人都饮食,但是真正知其味道的少之又少。在阅读中也是如此,有人读了许多书,却从不能体味书中的幽微光亮真知灼见,更遑论将阅读中的收获,迁移运用到创作中去。

美食家之所以面对任何食物都能对其色、香、味做出独到的评价,主要在于,他们不仅精钻于品味,更精钻于一道菜品的创作过程,也就是通过食物的味道品相,能根据丰富的经验推测出材料的选择、烹饪的技巧等。在吃和创作之间,他们是一通百通的。

阅读和写作也是如此。一个能够在阅读中勘探到丰富细节的读者,也更容易成为一个在写作中运用恰当细节描写的作者。

关于细节的奥秘

什么是文章的细节?它是指文艺作品中描绘人物性格、事件发展、自然景物、社会环境等最小的单位,是一种能影响全局的细微的易被忽略的物件或行为。在《小学生如何阅读一本小说》中,李怀源老师这么定义细节。

有一位语文老师这样描述细节:"如果说文本本身是一种传达作者人生观、价值观、世界观的'密语',那么关注文本细节,特别是细微变化处的细节,就是解开这种密语的'密码'。通过捕捉和发现细微变化处的

细节就能直抵文字的'内核'，也能直达通往作品人物和创作者内心世界的'渡口'。"

我想将这两种阐释综合在一起，可以得到细节的一些特点：一是单位量小，所以容易被忽略；二是很重要，影响我们对全局的理解。所以文本的细节就像是作者在不同地方用不同形式埋下的"通关文牒"，只有拿到了所有文牒，你才能像唐僧西天取经一样获得真经，也就是真正抵达作者表达的核心。

细节藏在对人物的刻画中

在小学五年级的语文课本中，有一个"人物描写"单元。这个单元选取的几篇课文，都是在人物描写手法上有比较突出的特点的。其中就有冯骥才《俗世奇人》中的《刷子李》。

即便课文把第一自然段的铺垫都删除了，但是通过对人物鬼斧神工般的细节刻画，依然让一个天津卫码头名头响当当的手艺人"刷子李"跃然纸上。

人物是虚构类文本的核心。没有人物，就仿佛舞台上没有演员，就没有办法上演生动的故事。但是一般写作手艺高明的作者，都不会直接告诉你人物的特点，这需要我们根据他给出的与人物相关的所有线索来进行推断。

这些线索主要包括人物的言行举止、和他人互动时他人的反应和评价，以及作者的直观描述等。

比如《刷子李》中，作者写他："最叫人叫绝的是，他刷浆时必穿一身黑，干完活，身上绝没有一个白点。别不信！他还给自己立下一个规矩，只要身上有白点，白刷不要钱。倘若没这本事，他不早饿成干儿了？"

这部分的细节里，有人物的两个"绝"：一绝是刷浆穿黑衣；另一绝是给自己立的规矩，身上有点不要钱。从这个细节，我们可以感受到刷子李技艺高超，并且很自信。

接着又从新收的徒弟曹小三的视角来刻画人物。"到了那儿，刷子李跟管事的人一谈，才知道师傅派头十足。照他的规矩一天只刷一间屋子。这洋楼大小九间屋，得刷九天。干活前，他把随身携带的一个四四方方的小包袱打开，果然一身黑衣黑裤，一双黑布鞋。穿上这身黑，就赛跟地上的一桶白浆较上了劲。"

如果总是站在一个视角描写，仿佛在给人画大字报，描写的还是那个人，但是改变了"观察"的视角。从曹小三的角度看，这师傅很有"派头"，并且严谨，对自己要求很严格，也说明粉刷技术高。

这是从他人视角也就是他人评价的角度来推测人物的个性特点。他人视角、他人的评价，也是容易被忽略的细节。

后面的篇幅，作者就从刷子李刷墙的一连串动作描写来展示他的技艺。再接着，情节发生转折，曹小三发现刷子李裤子上有一个白点，内心里觉得这山般的形象倒塌了，而事实上，这只是黑裤子被烟烫了个洞。

作者对曹小三的心理描写，刷子李说的话，都是可揣摩的细节，也都是对人物刻画的笔墨。

孩子们在学校会学习一些关于人物描写的专业术语，也就是概念，比如，心理描写、对话描写、动作描写、神态描写，这些都是刻画人物的普遍手法，但是咀嚼细节，核心并不仅仅只是了解作者在某个地方使用了某些刻画的手法，而是推敲手法背后的深层用意。

在工作坊中，我会让孩子们制作人物性格图表，在图表的左边写下搜集到的各种细节信息，右边写通过这些信息自己对人物性格的推断。

当孩子们探究出人物的行为模式，就会进而思考他的行为动机，会更加多元地去理解人物的特点。

细节藏在对背景的生动描写中

在《这样写出好故事：描写与背景》中，作者说在找出优秀作品与拙劣作品之间的差异时，首先可以从故事背景出发。优秀作品虽不能完全依赖故事背景，但拙劣之作一定缺少一个好的故事背景。由此可见背景多么重要。

但是背景时常是孩子们阅读时容易忽略的细节。比如在读《呼兰河传》时，如果不去了解时代背景，用现代人的眼光和常识，就无法理解其中人们的诸多愚昧的行为。

在《呼兰河传》的前面两章，事实上都可以算作这个故事的背景。前面两章描述的就是呼兰河城人们的生活和精神面貌。也就是在当时的社会背景下，无论是小团圆媳妇、有二伯还是冯歪嘴子命运中埋伏的草蛇灰线，其实也就有迹可循了。

所以阅读的时候，告诉孩子关注故事的背景，思考这个背景对人物产生了哪些影响，会对他们理解主题起到很大的作用。

我会引导孩子去关注故事的背景，去搜寻背景中的细节。故事的背景可以由许多的细节组成，比如，天气状况、时间地点、社会环境，等等。

我会问孩子：故事可以换一个时间和地点吗？作者为什么要选择这个特殊的背景？如果背景改变了，故事情节会发生变化吗？

在阅读背景比较复杂的文本时，便利贴是个不错的工具。我会让孩子们一边读一边在便利贴上记下他们发现的有关背景的细节，然后大家在一起讨论，这个背景对人物有哪些影响，促使他做出了哪些反应。

当小读者们越来越了解背景的重要时，他们在阅读中就不会放过妨碍他们理解的细节了。特别是在阅读历史类的文本时，关注背景就更加重要。与当时社会有关的种种细节，对故事的发展，人物的心理、行为、动机等都有着至关重要的意义。

细节藏在每个场景所包含的意义中

作者在创作的时候，会构思好一系列的场景。场景是什么？我们要写运动场上的风采，运动场就是场景，只是这是一个单一的场景。我们看电影电视剧的时候，场景在不停地转换，即便像张艺谋《狙击手》那样场景基本上聚焦在雪地上，也需要有不同的场景切换，有时候是指挥部，有时是沙堡，有时是坦克车内。

关键的情节总是发生在某个主要场景中。故事也是随着场景的转换而展开的。在阅读中，如果我们掌握了场景，也就掌握了情节的变化。

而在写作中，写作大师告诉我们："场景是建构小说的单位，如果将几个场景串起来，场景之间似乎有所关联，就表示你会写小说了。而如果你可以让笔下每个场景都令人难忘，你就可以写一本令人难忘的小说了。"

作者会努力让自己创造的场景牢牢抓住读者的思绪，这样我们才会被情节吸引，当然故事也要发生在恰当的场景中，比如我们不会在游泳池里写作业，不会在厕所吃早饭。除非这个作者是想制造点幽默夸张的喜剧效果。

作者不会随意创造一个场景，每个场景都会有它所包含的意义。

在读完《夏洛的网》时，我带领着孩子们去探索书中的场景，并去讨论每个场景的意义。

主要情节	对应场景
落脚猪威尔伯出生，差点被阿拉布尔先生用斧子砍死，幸亏弗恩相救，并一直悉心照顾，直到逐渐长大	弗恩家
威尔伯被送到朱克曼先生家，在谷仓生活，得知自己的命运是"熏肉火腿"后，痛苦中认识了蜘蛛夏洛，夏洛为威尔伯织字，引起围观，"身价"大涨	朱克曼先生的谷仓
在集市夏洛为威尔伯织了最后一次字，耗尽了生命，威尔伯赢得大奖，保护了夏洛的卵袋	集市
威尔伯和夏洛的三个孩子一起在谷仓幸福地生活	朱克曼先生的谷仓

这本书的场景设置并不复杂，我们可以发现，几乎每个场景中都有一个完整的小故事。可以说，场景，就是故事中的故事。

而且，每个场景中，角色也都面临着考验。比如，在弗恩家，威尔伯因为是落脚猪差点被杀；在谷仓，面临的考验来自于命运之锤——成为"熏肉火腿"；在集市，面临的考验是好朋友生命的终结和留下的卵袋。

而威尔伯面临每一次考验的过程，恰恰是让读者欲罢不能、产生情绪体验的过程。每一个场景，都对应着它的意义。

一开始，威尔伯是被弗恩救，然后是被夏洛救，在这个过程中，它付出了什么呢？如他自己所说，什么也没有。但是，当夏洛用四次织出的字为他赋予了价值，威尔伯也产生了变化。它不再怯弱，变得主动，会去想办法，并让出自己的食物让老鼠坦普尔顿保护夏洛的卵袋。这就是角色的成长，也对应了前面所说的"角色弧线"。

看到了吗？人物的成长，其实就藏在场景这个"容器"中。无论是阅读还是写作，读懂了场景的意味，也就意味着我们可以带领孩子通过去创造场景中一个个微型故事，从而去创造一部小说。

做阅读中的"哲学家",体会作者的观点

相信你一定听过一句话,生活中处处都是哲学。而文学作品是来源于生活又高于生活的艺术创作,任何一个有点追求的作者,都不会允许自己的作品肤浅到不需要思考。所以阅读一本书,我们必然要去思考作者的写作目的,去思考一本书的主题到底是什么,想要表达什么观点。

高明的作者大部分不会直接告诉我们,他的写作目的是什么。这就像一个寻宝游戏,作者埋下许多线索,留下许多信息供我们思考和推测,直到最后,随着故事结束,我们恍然大悟。我们和作者达成共识,理解了故事的实质,他之所以写这本书的目的,他的深层观点和态度,他想告诉世人的道理。于是,我们终于抵达这本书的主题。

但是对于主题,每个人可能有不一样的解读,因为每个个体的生活经验和背景知识都不一样,在理解主题的时候,也会有情感、经历的参与,所以我们会因为对某些主题的理解而产生不同的感受,比如,愤怒、恐惧、悲悯、喜悦,等等。

那么,要有这些深度的"阅读体验",就需要拿出点"哲学家"的精神了。哲学家擅长提问,擅长追根究底,擅长深度思考。

在读写工作坊,带着孩子们研读文本、推进阅读的深度、抵达深刻的主题,这一环节总是最令我怦然心动的,因为总是可以激发更多的思维火花。

学会区分情节和主题,是抵达作者观点的第一步

小读者们并不是一开始就能明确区分情节和主题的。如果没有引导,

可能他们会永远在情节中耽溺着。

情节是什么？是故事中一系列的事件。故事中发生了什么，人物经历了什么，因为情节引人入胜，所以我们才牢牢地被故事吸引。

而主题却是"作者想通过这些情节告诉我们的观点"。可以说，"情节是主题的载体""是由一系列可供阅读者追踪的事件组成的"。

那么帮助小读者区别情节和主题，就是理解主题的第一步。他们需要学会去关注情节，通过情节来思考和推测作者的"言外之意"是什么，也就是他的观点到底是什么。

比如在和二年级的孩子阅读《弗朗兹的故事》时，以其中《小小少年，大大烦恼》这一故事为例。

这部分的情节是：和弗朗兹关系要好的佳碧在生日前几天认识了桑德纳，这让弗朗兹感觉受到了冷落。于是他决定让佳碧也感受一下被伤害的感觉。在他的设计下，佳碧明白自己对弗朗兹带来的伤害，两人冰释前嫌，重归于好。

那么，这个部分，让孩子们结合自己的感受来讨论，就会发现作者的观点，或者说作者想让小读者们自己明白的一些道理。

孩子们说：

不能因为交了新朋友，就冷落老朋友，会让朋友伤心。

要平等地对待朋友，因为每个朋友都很珍贵。

朋友不是"自己的玩具"，不能占为己有，朋友也有交朋友的权利和自由。

要学会接受朋友和别人的友谊。

建立在情节之上，孩子们对"友谊"产生了许多新的认知，改变了一些固有的想法，而这，便是作者的真正目的。在这一刻，小读者们和作者实际上达成了某种共识，也借助故事获得了自身的感悟。

对于中高年级有了书写能力的孩子，我会用任务单的形式，让孩子们将自己的思考过程以文字形式呈现出来。这样不仅有利于整合思维，也有利于对写作能力的提高。毕竟，所有的写作都是从一个句子一个想法开始的。

比如在阅读《鲁滨逊漂流记》时，聚焦鲁滨逊在荒岛上的生活，思考鲁滨逊遇到了哪些困难，将其梳理出来，观察这些情节，形成自己的观点。

情节	观点
鲁滨逊用刀子在大木杆上刻上登岸日期，做成大十字架，作为第一次登岸的地方的标记。在木杆侧面，每天刻一道，每七道刻痕比其他长一倍，每月的第一天再长一倍，这样他就有了自制的日历	鲁滨逊很聪明，能够自制日历，遇到问题主动解决，不消极以待
鲁滨逊在荒岛生活，缺乏物资，他从船上找到物资，把能用的物资都搬到岸上。运输物资时想得也很周全。没有住处，他自己开始砍木材、打桩、建房，用一年时间才建好住所	鲁滨逊不仅聪明，而且懂得未雨绸缪，能够理性思考。他非常顽强、坚韧，不向困难低头……
鲁滨逊用好坏对比表格的方式对比了荒岛上生活的好处和坏处，以此来整理心情，通过理性分析帮助自己找到面对困境的理由。为防范野人做了很多准备，他加固房子周围的篱笆，准备充足的火药，后来寻找了一个十分隐蔽的岩洞作为新的住所，并广设机关来保护自己	在悲观中保持乐观，在逆境中寻找顺境，与其坐以待毙，不如向前一步

作者并没有告诉我们，他想赞颂什么，但是在对情节的分析中，小读者们在讨论中，跳脱出他关注情节的局限，逐渐对人物有了新的认识，深化了自己的观点。

使用关键词金字塔，帮助孩子分析作者的观点

孩子们很容易对主题进行标签化的理解。比如对《鲁滨逊漂流记》的主题，就可能停留在一些宽泛的词语上，比如，顽强、坚韧、励志等。

关键词金字塔可以帮助小读者们拓展自己的思路。通过深入挖掘故事的关键词，再将关键词连缀起来，形成主题句，从而挖掘文本的内涵。

关键词金字塔的具体操作分为三个步骤：

（1）圈画关键词，在阅读的过程中摘抄下来。

（2）对关键词进行筛选、合并与分类，而后填入金字塔中（如下图）。

（3）将关键词连缀在一起，组织成一段话，归纳总结出全书的主题。

对于低年级的小读者，我们将关键词金字塔的三角格设计少一些，有能力一些的孩子，可以设计得多一些。比如阅读一篇短小的寓言故事时，可以让小读者将脑子里闪现的关键词写在金字塔中。而面对更加复杂的文本，则需要更加复杂一些的思维步骤，包括查找、筛选、合并、分类、重组等。

下面是六年级的孩子在阅读《呼兰河传》中的《团圆媳妇》这一篇章时填写的主题金字塔。

十个字，嵌入金字塔中（图4-2）：

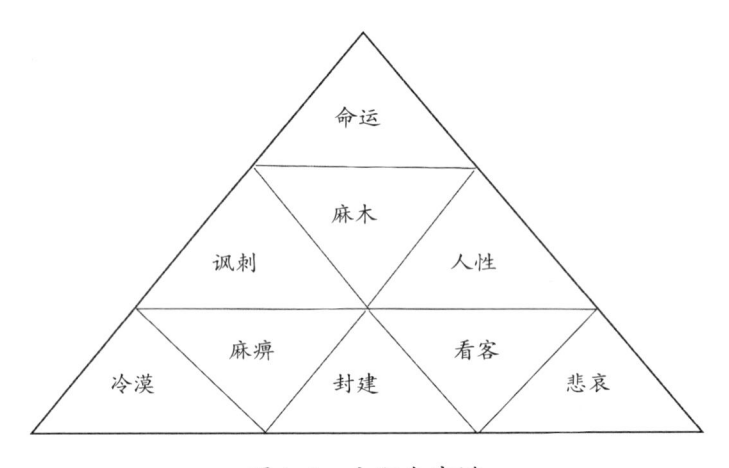

图4-2 主题金字塔

冷漠、麻痹、封建、命运、讽刺、悲哀、人性、病态、麻木、看客。

在归纳出主题金字塔后，小读者们这样分析整本书的主题。

呼兰河城不是宁静祥和的天堂，这里充满了无知与愚昧，封建社会的种种思想让这座城变得荒凉，本该温暖善良的人性在这里变得冷漠。一个阳光开朗的12岁女孩却被嫁去当了团圆媳妇，她被婆婆无情地打骂，却无法逃脱；她被强迫当众脱衣服洗开水澡，只剩下痛苦与绝望；每天都有许多看客来"帮助她"，这些人看似好心，但每个人都是小团圆媳妇悲惨命运的刽子手。面对一个生命的陨落，他们却"云淡风轻"，这种麻木是病态的麻木，是愚昧的麻木。

在关键词金字塔的帮助下，小读者们对《团圆媳妇》这篇文本的主旨有了深刻的思考，对这个和自己差不多大却生活天壤之别的女孩，不再只是一个"旁观者"的姿态，而是感受到了社会、命运、他人对一个生命可能的"拿捏"，甚至摧毁，每个个体如果不加思考，就有可能给别人带来伤害。这实际上颠覆了他们固有的认知，也建立了新的认知。

从象征和隐喻中抵达主题，形成有深度的观点

对于作者藏在一些陌生意象背后的隐喻，是许多小读者在阅读时会遇到的困境。

当然孩子们会在课本中学习到一些意象，这些意象大多来自于古诗词。比如梅花，他们会联想到"梅花香自苦寒来"，知道梅花象征着高洁、坚韧；比如月亮，他们熟知李白的"举头望明月，低头思故乡"，他们能够很快地反映出，月亮象征着思乡之情。久而久之，孩子们会觉得，意象所对应的隐喻是固定的，是有答案的。

但是他们不知道的是，这些形象都非常普遍，但是，在阅读大部头的文本时，遇到陌生的意象，则需要他们根据前后文的语境、作者给出的细节、人物的种种行为等来进行推测。

很多时候，我们并没有给孩子们提供解读文本的权利。因为这些什么意象代表着什么，作者在表达什么，在教科书上都是以固定的知识点"灌输"给孩子，课文是居高临下的。但理解本身是一个体会、感知、共鸣和形成自我意识的过程，这才是每个读者都具有的权利。我们有必要逐渐构建小读者们的"象征性思维"，这样，他们以读者的身份穿梭于不同的文本时，他们会像潜入水中的鱼儿一样，在思维中自由地遨游，直到抵达作品，抵达作者，也抵达自己。

他们需要自己去体会去解读，《少年派的奇幻漂流》中那只老虎象征了什么,《老人与海》中鲨鱼象征了什么,许多文本中,都会有一些意象反复出现。这些意象的象征意义,实际上背后就藏着作者深层次的观点。

约翰·特鲁比《故事大师写作班》中说道:"象征将故事中一系列的事件升华成对人生、爱以及人类的评论。"

我会将推论象征意义作为一种能力去培养小读者们,在这个过程中,他们不仅知道在阅读中要关注作者设计的那些意象的隐含意义,也会知道,一个写作者,在写作时可以通过创造意象来表达自己的思考。

在了解作者观点的基础上,孩子们以作者的观点为观点,通过深入思考,联系自身,得出自己的思考和看法,而这恰恰是一本书带给孩子最珍贵的部分。

做阅读中的"辩论家",可以和作者"吵吵架"

说来有点惭愧,有许多能力是我迈入社会很长时间后才逐渐开始学习的。比如,我虽然读书不算少,但很少会主动质疑书中的观点。虽说尽信书不如无书,但总有一种,书是作家写的,书中的内容是高高在上的,看书仿佛在朝圣。因为在我的受教育生涯中,一直接受的就是"忠于课本""忠于书籍"的学习方式,现在受到重视的批判性阅读、审辩性思维,在我那时是闻所未闻。

但是好在学习这件事,什么时候都不晚。虽然磕磕绊绊,但至少不在原地。而教原本就是最好的学。虽然看上去我是在教孩子,但是我也在这个过程中重塑了之前根深蒂固的学习方式和思维方式。

我也在学习如何在阅读中做一个"辩论家",不是尽信书,不是永远跟随作者的思路和观点,而是能够辩证地、审慎地、分析性地去面对输入我脑海中的文字和观点。而在标题中使用"吵吵架",实际上也只是一个宽泛的象征,象征着我们不能过于臣服于文本,而是敢于批判性地去阅读和思考。

在2022年新出炉的《义务教育课程方案和课程标准》(2022版本)中,提出了思辨性阅读和表达的学习任务。其中多次出现了"提出质疑、提问、梳理、发现、评价"等关键词语,可见作为高阶的思维能力,在当下和未来,都会是社会需要的核心能力。

思辨读写究竟是什么

余党绪老师说,所谓思辨性阅读,就是"以批判性思维的原理、策略与技能介入的阅读""是理性的、反思性的阅读"。而思辨性表达法，主要指思辨性写作，顾名思义就是以分析论证为核心的说理性表达。(《走向理性与清明——整本书之思辨读写》)

无论是阅读还是写作，本质上都需要具备批判性思维，掌握相应的批判性思维的策略，这与我们平时的娱乐性阅读截然不同，需要克制自身的好恶，以理性、反思的态度来进行阅读。

那么怎么进行思辨性阅读呢？以下依然借余党绪老师的观点来加以说明。

第一步：发现值得探讨的问题

发现问题是思辨性阅读的第一步，意味着我们在阅读时，不是只跟随作者的思想，对于作者那些没有直接表述但却隐藏在字里行间的观点，我们开始有所警觉了。这个过程，我们其实还需要运用推断的阅读策略。

我们不能合理推断，可能就会弄错作者的意思。弄错作者的意思，就仿佛我们好像抓住了对方的把柄，但是却发现我们误会了对方，却还要理直气壮和对方争论，这就跑偏了，这个时候我们已经完全失去了客观的可能性。

刘荣华老师在《小学语文思辨性阅读问题设计与指导》中，这样描述"思辨性阅读"："如果把思辨性阅读问题教学比作一棵大树，阅读如同树根，问题如同树干，思辨就好像树杈，合理判断就好像树叶。本固才能枝荣，根深方可叶茂。"这就是说，如果阅读这个树根的根系不扎实，那么思辨也就无处依附。

以人物评价为例，在和孩子们阅读《君子的春秋》时，我带着孩子们一起讨论"齐桓公"。孩子们对齐桓公的评价也是两极分化。有的认为他能成为霸主，完全得益于管仲的辅佐，后期因为任用奸臣，最终不得善终。

那么，作为春秋第一位霸主，他是否配得上"霸主"之名，是否名副其实呢？这就需要孩子们细读文本，综合诸多事实来进行推断。

第二步：分析和论证问题

问题出来了，孩子们就需要寻找证据来进行推断了。

如果聚焦更多的细节，孩子们发现，齐桓公能成就霸业，也是"必然"的。在《管鲍之交》中，他被管仲射中带钩后，故意咬破舌头装死，躲过一劫，可见他是有心计的。他任用差点要了他性命的管仲，可见他心胸宽广。他不听管仲的话去攻打鲁国，结果被曹刿打败，也能知错就改，乖乖按管仲的意见治国，最后"九合诸侯，一匡天下"。

在引导孩子们进行分析的时候，还需要让孩子们学会区分事实和观点。

事实是对具体事件的陈述，在历史事件中，事实是真实的。而观点是表达我们对事实的看法、意见，甚至带着某些感情色彩。表达观点时，我们可以告诉孩子一些引导词，比如，我认为、在我看来、有些人认为、一种观点是、这表明，等等。

孩子们会就文本的事实、人物的言行举止、丰富的细节、作者的措辞、作者对主题的态度等，来对人物做出客观的、理性的评价。

当然，这个时候，我们也完全可以不同意作者的观点，只要我们有充足的理由。比如作者申赋渔在文章结尾处就直接表达了自己的观点：他为了安定天下，改革了政治、军事、经济等各个方面，在华夏文明艰难的时刻，不仅保住了一线文脉，还带来了新的生机。从作者的措辞中，可以明显感受到他对齐桓公的全盘肯定。

那么，你是否和申赋渔的观点一致呢？每个人都可以有自己审慎的判断和思考。

第三步：在评估与权衡的基础上得出合理的判断

基于以上分析和论证，最终要评估所有的观点和事实，在此基础上做出合理的判断。

在这个过程中，孩子们要逐渐学会冷静、客观、辩证、多角度地看待问题，而这也正是建构批判性思维能力的途径。

我尝试着让孩子们进行一番辩论。我将孩子们分成两个小组，并在黑板中央画了一条直线，模仿"拔河"的游戏。认为齐桓公不愧为霸主的，小组讨论，将理由写在便利贴上，贴在"绳子"的一侧；认为齐桓公名不副实的，将理由讨论出来贴在另外一侧。然后集体共同讨论每一条"证据"，并将证据进行合并同类项，最后看看哪一边留下的证据更充分、更多、更有分量，以此作为结论。

在这个过程中，主要是让孩子们学会得出判断时，要评估观点和事实，并且要学会用"观点+事实""证据+结论"的方式来表达自己的最终判断。

在这个过程中，孩子们还学会了可以大胆质疑作者，可以将作者的观点和自己的观点区分开来。

关于思辨性阅读和表达，实际上我也是一个刚上路的学习者，站在"巨人的肩膀"上，我也有幸看到了更辽阔的风光。事实上，不仅是孩子在建构深度分析、批判性思考的能力，而且他们也带着我一起在思维的跑道上翱翔。

第五章

从会读到会写，
让孩子自然而然爱上写作

读了很多书，依然不会写

一个写作者大概率是一个阅读者，但是一个阅读者却不一定能成为一个写作者。阅读和写作原本就是两条路径，一条是输入的路径，一条是输出的路径。输入可以促进输出，但是却不能完全转化为输出。就像我们给孩子提供许多丰富的有营养的食物，这只是营养的输入，营养要转化为能量，还需要孩子尽可能地吸收，而吸收需要孩子有良好的消化系统，还需要孩子配合相应的运动，等等，孩子才能拥有一个良好的体魄。而这个体魄所进行的一系列创造性的行为，才是输出。

所以，为孩子构建一个良好的"阅读吸收系统"，只是为写作构建了一个良好的输出基础。写作本身是一项创造性的脑力活动，既需要掌握一定的技能，也需要系统的训练。无论成为一个优秀的阅读者还是优秀的写作者，都不是一蹴而就的。

联结阅读和写作的核心依然是思考

阅读和写作是两种截然不同的技能，但是两者之间却又相辅相成。阅读的过程中，我们和文本互动，在头脑中构建图像，进行提问、推测，和文本建立更多的联结，当角色发生转变，当我们成为写作者时，我们就需要思考，我们写出怎样的文字才可以让读者也能够和我们的文字产生相同的互动。

美国传腾国际大学教授、美国5c教育研究院院长李文玲说："能否提高写作能力，最重要的还是取决于孩子审辩阅读的能力。在阅读的过程中，深入分析整合、评价反思、不断质疑，才会有所感触。这种'感触'才是写作的源泉。研究发现，孩子进行审辩阅读后，会成为更好的写作者。"

关于审辩阅读，前面的章节都在阐述相关的内容，这里不再赘述。我们只需要知道，拥有审辩思维是孩子成为优秀写作者的前提。但是，在此基础上，孩子还需要系统地构建写作能力。包括如何选材、如何设计标题、如何组织结构、如何恰当地使用修辞、如何准确地使用词语，等等。

通过阅读教会孩子思考，并发现优秀的作品作者是如何写作的，从而迁移相应的写作策略，经过大量的练习内化和熟练运用文字，从而形成真实的思考力和写作力。

什么是写作力？写作力是不可逆的，一旦习得就豁然开朗，不仅体现在应试作文中的"得分力"，而且体现在所有学科的学习和思考中。

《美国学生写作技能训练》中提到，美国国家写作计划提供了一份清单，将"流于形式的读写教育"和"真正有效的读写教育"进行了对比（如下表），可供我们核查和反思。

流于形式的读写教育	真正有效的读写教育
教师给出学生的作文题目不一定与学生的生活经验、曾经学习过的知识或现在正在学习的内容相关	教师鼓励学生把自己的生活经验、曾经学习过的知识、现在正在学习的内容都应用在作文上，让学生在写作时有机会提取背景知识
教师出作文题目时，没有考虑文章的目的及目标读者	教师出作文题目时，会向学生说明文章的目的，及设定的目标读者群
学生认为自己是为成绩而阅读、为成绩而写作	学生知道自己是为了学习而阅读、为了沟通而写作
学生只看教师指定的教材，只写教师指定的作文题目	学生有机会选择自己想看的读物，写自己想写的东西
教师指定每篇作文须完成的时间与字数	学生可以根据作文的范围与目的，提出自己认为需要的时间及恰当的字数，并与教师讨论
学生只有一次机会完成文章供教师打分数	学生有机会打草稿，并与教师讨论、修改
教师给学生的评语多半是负面的，或者只找出错字	教师指出文章的优缺点，不只是找错字
教师要求学生做的订正工作，多半是"把错字重写十遍"	教师提出对于文章风格、思想组织的具体建议

续表

流于形式的读写教育	真正有效的读写教育
教师逐页纠正学生的拼字或文法错误	学生在课堂上读彼此的文章,练习编辑,找出对方的错误并互相讨论
教师多半时间花在改作业上	教师多半时间花在讲课上
教师批改每一份作业	学生有机会自我评量或互相评量
学生从来不知道教师打分数的标准	学生知道自己为什么得到这样的成绩
所有的作文作业都是短文,字数400~1000字,并使用起承转合的固定格式写作	学生被指导将不同的修辞、元素,应用在不同文体的文章当中
学生被要求在论说文中举例证明自己的观点,但举证的质量与主题的关联性很少被考虑	学生被指导在阅读时,以各种策略来判断文中主张与推论的可信度,并将之应用在作文上
学生被要求作文的主题要明确,组织要符合逻辑,但没有被指导要怎么做	作业的设计有明确的步骤,帮助学生运用"查找"的技巧,来集中主题,组织并发展思想
学年结束时,学生不知道自己的读写能力有没有进步	学年结束时,学生知道自己哪些方面进步了,哪些方面有待加强
学生被要求分析、比较、描述、叙述、反思、结论,但没有被指导如何组织或阐述思想,或如何建构文中的角色、主题、想象	学生有机会观摩好的作品,并通过作业练习如何发展思想,驾驭想象
有时候学生会被要求重写,但重写的主要目的是订正文法、用字等机械性错误	学生被鼓励重写、编辑、改善自己的作品,以获得更好的成绩
学生在下笔前没有很多机会思考	学生在下笔前有机会思考自己想写什么,跟教师讨论,或跟其他同学脑力激荡,练习预写或自由写作
学生不知道自己的风格,或者根本不知道什么是风格	学生被鼓励找出自己的声音,发展出自己的写作风格
学生觉得读写很无聊,教师改作文时也觉得无聊	学生与教师都热爱阅读,并为写作感到兴奋

综合来看,这也可以看作是以结果为导向的读写教育和以过程为导向的读写教育的区别。

前者是以成绩以应试为主,后者是有系统地引导孩子为写作加入自己的思考,其中包含着联结阅读指导和写作指导的技巧,写作前、写作中和写作后可以采取的步骤和技巧,关注在过程中让孩子的读写能力达到真实的提高，而不仅仅是从某个作品来单一地判断。不仅帮助孩子找到写作的目的，还有写作的热情，甚至建立写作的风格。

颠覆传统的写作模式，在写作中陪伴孩子成长

在了解欧美倡导的"过程写作法"后，我似乎看到了我们写作教学的最大弊端——只重结果，忽略过程。

而过程，才是学习的必由之路。我们需要在过程中尝试、犯错、接受反馈、修正，从而成长。然而在以分数以结果为导向的教学方式下，孩子只能被动地、机械地去接受习作训练，时间久了，对写作也形成了一种固化思维，面对一个题材，套用"公式"，比如"五段式写作法"等，而不去思考如何更巧妙地构思，如何在描写时调动读者的感官，如何在遇到写作困难时帮助自己，如何审辩地看待自己的文章、修改自己的文章……

中美读写研究中心的傅丹灵教授在《人人皆可为优秀写作者》中提到，过程写作在美国写作教学中广泛应用，"91%的语文老师经常在课堂上帮助学生在写作前扩展思路，组织观点，90%的教师经常在课堂上教学生如何构思、写草稿、修改和组织文章等具体的写作策略"。

"一次过程指导包括：头脑风暴、选题、示范、初稿、修改、二稿、终稿、编辑、分享发布以及微型课和教师与学生的'一对一个别辅导'等基本要素。它不是一次完成、一步到位的，而是一个过程。"

过程指导大概分为四个阶段：

（1）通过热身帮助孩子确定写作的主题和内容。

（2）写草稿来组织和发展思路。

（3）编辑文字，在这个过程中帮助孩子进行写作规范性的学习。

（4）修润作品，分享或发表。

我时常在阅读中帮助孩子寻找写作的题材。比如在阅读普里什文的《孩子们和野鸭子》后，我们一起聊了聊家里养的宠物，或者自己印象比较深刻的小动物。聊完之后，我们再一起"观察"，被誉为"大自然的语言家"的普里什文是怎么写小动物的。

孩子们讨论后发现,作者一般都是先写出自己的一些"新发现",然后通过观察,来解决自己的疑惑,这个过程中,作者紧紧地盯着小动物身上的特点,将他们细致地描写了出来。

按照"过程写作法",我先让孩子们进行预写,在下一次的写作工作坊,我再一一进行指导。对于低年级的孩子,一般只修改一遍,因为孩子需要的是鼓励和建立写作的自信。而中高年级的孩子,则可以根据孩子的参与度来交流修改的方式。

一个三年级的小朋友在观察自家的乌龟后,写出了一篇《会跳的乌龟》,最终发表在了《小读者》上。

让孩子爱上写作，先从爱上生活开始

"孩子不爱写作，对写作很抗拒，一到写作文就抓耳挠腮，无从下笔。"

"孩子每次写作文都是应付，每次作文考试都扣许多分。"

每次当我遇到抱着解决问题的迫切心情来寻求解决方案的家长时，我内心其实也是不安的。虽然我知道许多写作方法，也知道如何让孩子慢慢爱上写作，但是一旦孩子离开了信任的无拘无束地培育土壤，他们立刻又会被打回原形。因为写作背后还需要许多安全空间，需要许多支持，需要对错误的容忍。

作文成绩的提高和写作能力的提高，在我看来也不能画上等号。作文成绩的提高，我承认是有套路可言的。在几百字的框架中，按照得分点填充每个部分的内容，得到高分并不难。但写作能力就不仅限于此了，写作能力的背后，是观察、是思考、是联结、是共情力、是思维和情感的长期构建。

写作能力的培养，事实上是一个不断"堆肥"的过程。诗人、作家、写作教练娜塔丽·戈德堡认为："我们的感官本身缺乏动力，它们接收经验，可是接下来需要借由我们的意识和整个身体做大幅地筛动一段时间，才能把这些经验筛选出来。我称此为'堆肥'。"

我深以为然。即便我从事写作工作几十年，也不是随时随地都可以娴熟地让所见所闻即刻变为文字。

因此她的学生即便写了很长的文章，并且写得不怎么样，她也欣赏他们"探索的心灵，找寻素材的过程"。

然而我们经常让孩子直接"开花结果"。当我们只在乎孩子的写作成果时,很多时候孩子不爱写、不想写,无处下笔,深想一下,是否是孩子的心灵土壤中,并没有种下生活这颗种子,没有探索种子的过程以及有机的肥料(支持)去滋养它。这样的土壤,我们又如何强求它枝繁叶茂呢?

写作就是生活,生活就是写作。怎样在孩子的生活中为其"堆肥"呢?以下方法希望能带给大家一些启发。

启动"五感"+"联想",滋养孩子的敏感力

女儿的文字创作实际上我很少干预。马上小学毕业的她,作文一直被当作班上的典范,也在刊物上发表了不少文章。老实说,我在女儿写作上给予的关注和指导,远远不及我对工作室孩子们付出的精力多,但每个孩子都有自己的发展节奏,这个暂且按下不表。在我看来,在小学以记叙文为主的写作中,孩子的感官发展和对事物的敏感力,可能是这个阶段写作的重中之重。

如果说我在女儿成长过程中做了什么,可能就是在生活中,常常驻足,常常停留,看看身边的事物,以及频繁地和一切生命对话。

我们在即将下雨的时候,蹲在地上看蚂蚁们成群结队地搬运食物,在堆满银杏的草地上打滚,和飞来飞去的鸟儿打招呼,在下雨天雨滴落在雨伞上的时候,寻找属于不同大小的雨滴的节奏,给每一种不同颜色的树叶取上不同的名字,春天的柳叶叫"新绿",秋天的枫叶叫"氤氲"……

我记得女儿刚上幼儿园时,我们在放学时走进一个小花园,女儿看着眼前铺着两种石板的小路,说,妈妈走石板路,我走石藕路,我们看看能在什么地方汇合。这些路原本没有名字,但是女儿用自己的观察迅速给它们匹配了名字,只因为"石藕路"上有像莲藕一样的不规则的圆孔设计,石板路就是一整块水泥板。

我还记得一年春天,正值四月,我去接她放学,学校门口的樱花树粉粉嫩嫩地开着,粉粉嫩嫩的女儿和那些粉粉嫩嫩的孩子在樱花树下追逐嬉戏，一阵风吹来，樱花扑簌簌往下落，我听见孩子们欢呼："哇，好漂亮的樱花雨呀！"

好漂亮的樱花雨啊，是孩子们发自内心对这一刻的礼赞，他们还那么小，不知道什么拟人、比喻，不知道什么是"五感"，什么是"联想"，这种无意识的表达，就是在最真实最美好地创作。

一个生命力旺盛的孩子，原本就在努力探索着世界的一切，只要我们没有切断他们与世界的深切联结，没有用我们过多的成人的要求去局限他们的感知，那么，灵感的泉眼总是会有清澈的水流涌出。

因此，我始终认为，当孩子睁开眼睛，开始打量这个世界时，他就已经在为一切创作"堆肥"了，我们只需要重视孩子的感官发现：眼睛看到的、耳朵听到的、鼻子闻到的、嘴巴尝到的、皮肤接触到的，还有心里感受到的。

当孩子有联想时，我们做好他旁边的"赞叹者""欣赏者""倾听者"，那么孩子便会有源源不断的创意。

这样即便到了小学、初中，在相关的作文应试中，他的表现也不会太差，因为他的"根系"始终是扎实的。

用5w1h"六何分析法"，帮助孩子开启与生命的连接

虽然我们都知道，写作源于观察，源于对身边事物的敏感性。但是在学业的压力下，我们留给孩子"沉浸式"与自我感知联结的时间却越来越少。

有的家长说，整天只知道玩儿，只知道打游戏，还观察呢？可上课的时候，我发现，孩子对于游戏中人物的观察，对游戏规则的"观察"，那可是精微得不得了。只是随着年龄的增加，孩子逐渐失去了发现身边美好事物的"眼睛"。

无论多大的孩子，事实上都可以时时刻刻去自然中去，去和更多的事物进行对话。

5w1h这样一个分析结构，可以帮助我们引导孩子去深入观察和了解事物。

就以一盆普普通通的绿萝为例。

Who？谁？

绿萝。

What？发生了什么？

绿萝越长越长了，已经拖在地上了，不小心就会被绊倒，或者踩到绿萝。

When？发生在什么时候？

一个匆匆忙忙的早上。

Where？发生在什么地方？

家里的阳台上。

Why？为什么会发生这样的事情？

去阳台收衣服，匆忙间一脚踩到了绿萝，一脚被绿萝绊着，差点摔倒。

How？结果怎么样？

晚上放学回来，和妈妈一起给绿萝剪掉了"长头发"。

这是发生在我家非常普通的一个生活切片。那时候女儿年龄还小，我便以"5w1h"的问题来启发女儿，女儿写了一篇有趣的日记。

在学校时，老师教了我们一首歌，叫《柳树姑娘》。"柳树姑娘，辫子长长，风儿一吹，迎风飘扬。"谁知，不仅仅柳树姑娘辫子长，我家的绿萝，辫子更长。

一天早上，我被闹钟叫醒，迷迷糊糊去阳台上收衣服。突然感觉脚下踩到一根不软不硬的东西，紧接着，我刚打算迈起脚，又被一根东西一绊，差点摔个"狗啃屎"。我赶忙打开阳台的灯，想要看清楚一大早上，到底是何方神圣在捉弄我。

定睛一看，原来是绿萝小姐。只见绿萝小姐的大卷发，被我踩扁了，不知道她疼不疼呢？绿萝小姐住在我们家，除了偶尔浇浇水，我们很少注意她。不知道是不是她太孤独了呢？以后呀，我要多跟她说说话。

这时，妈妈听到动静过来了，问我怎么了。我指指绿萝小姐："绿萝小姐头发长了，通知我要给她理发了。"妈妈看了看地上的几根绿萝，说，确实确实。果然是我老妈，真是心有灵犀。

……

用"色彩浴效应"，帮孩子邂逅"可爱的事物"

"色彩浴效应"是一种心理学术语，指一旦意识到某件事，就好像沐浴在特定的颜色中一样，相关信息会不断涌现并聚集在周围。

比如有一次，女儿想给好朋友买一件生日礼物，好朋友喜欢紫色。于是我们一出门，眼中就蹦出许多紫色的事物。穿着紫色连衣裙的小女孩，路边的紫荆花，到了商场，似乎满眼都是紫色，紫色的文具盒、紫色的水杯、紫色的拼图，等等。

色彩浴是一种有意识地运用注意力的方式。色彩浴效应告诉我们，只要全身心投入，即使什么都不做，灵感也会接踵而至。而如果将这种效益应用在写作中，应用在观察中，写作根本不会再欠缺素材。

我曾经让三年级的小朋友在来工作室的路上，搜集一种颜色的东西，看看大家能收集多少。结果真是出乎意料。一个收集蓝色的女孩说，最开始她收集到的是蓝色的停车指示牌、店铺的招牌、穿蓝色衣服的人、蓝色的汽车等，这些都是寻常的事物。渐渐地，她发现了更多，救护车的警报灯、蓝色的矿泉水瓶、涂着蓝色指甲的人，等等。

她说她第一次知道了救护车的警报灯居然是蓝色的，还有蓝色的矿泉水瓶，蓝色的指甲原来也挺好看。而这就是"色彩浴"带来的训练效果。

后来我让孩子们以自己搜集的颜色为主题，来写一段速写。写的过程中，充分调动自己的"五感"+"联想"。

这个孩子写道：

蓝色是天空的颜色，

天空中躺着悠闲的云朵。

蓝色是海洋的颜色，
海洋中游着自在的鱼儿。
蓝色是一本书的封面，
让我遨游在知识的海洋。
蓝色是一位女士的指甲，
让她的心情变得平静。
蓝色是路边不起眼的小花，
开在小草旁陪伴它。
……

好的创作，只能来自于孩子自己和生命的对话，而我们要做的，便是创造更好的土壤，让孩子自己在生命的灵感花园中"堆肥"，那么自然而然的，也会结出更有生命力的花，而不是一堆"塑料花"。

孩子写作没思路？先从"模仿"开始

一说到模仿，家长最担心的问题便是，模仿会不会扼杀孩子的创造力。事实上，孩子从出生开始，一直都是通过模仿在学习。

在《园丁与木匠》中，作者提到孩子社会化学习的两种模式，一种是观察式学习，一种是证言式学习。观察式学习便是孩子通过观察和模仿周围的人来进行学习，证言式学习指孩子通过倾听他人谈论这个世界来学习。我们常常挂在嘴边的言传身教，其实就是为了给孩子提供一个优质的"模仿范本"而已。范本不够优秀，孩子的模仿效果自然也会大打折扣。

当然这是指社会化学习，我们可能会想，这和写作有什么关系？事实上写作中的模仿也是如此，如果我们给孩子提供好的范本，他们才能够从中汲取写作的精华。

这也是我不赞同让孩子背"优秀作文""范文"的原因。优秀的作文再优秀，也只是学生创作中对某个命题的发挥，里面有模仿、有自己的体会、有自己对某种技法的探索，我看了许多优秀作文，说实话也并不觉得优秀。可能只是各个纬度符合了"得分标准"。因此，即便是模仿，我也秉持孩子应该从优秀的文学作品中去模仿高级的结构、写法、修辞等。

模仿也不是"照葫芦画瓢"那么简单，不仅要理解作者在写什么，还涉及模仿什么、如何模仿，然后将自己的发现融会贯通到自己的写作中，实际上也是一个需要重新创作的过程。

南宋朱熹说："古人作文作诗，多是模仿前人而作之，盖学之既久，自然纯熟。"茅盾说："仿写可以说是创造的第一步，仿写又是学习的最初形式。"

所以，模仿本质是一种学习。正确的模仿路径不仅不会扼杀孩子的创造力，反而是激发孩子写作潜能的脚手架。如果说"模仿有害"的话，也是给孩子提供的模仿路径出了问题，路径不对，自然达不到良好的效果。

有害的"模仿路径"

在和孩子们的交流中，确实发现了一些为达目的不择手段的"伪模仿"：

（1）让孩子背范文。注意，是背每个单元作文的范文，考试的时候，如果考到类似题目，直接默写就好了。这样为了"分数"而教的作文，也可能是为了"业绩"而教的作文，确实挺让人大跌眼镜的。

（2）让孩子记住固定的写作框架。写作能力的提升，贵在"构思——草稿——写作——反馈——修润"这样一个良性的思考、探索的过程。比如写"第一次——"的命题作文，孩子就觉得只能只用"总分总"，开头交代天气，第一次干什么，然后写作这件事遇到的困难，最后总结自己学到了什么。这样的"定式"写作，只会让孩子形成写作的固着思维，缺少探索和创新的思维。

（3）让孩子背修辞。背修辞和背范文，大同小异。但是我想说的是，"修辞思维"可以说决定着孩子"想象能力""联想能力"，如果直接背别人的修辞，相当于扼杀了孩子自己进行联想和想象的思考过程，孩子的写作能力又怎么可能提升呢？

以上的"错误路径"只是冰山一角，许多作文辅导班为了能快速让家长看到效果，多数使用的也是"快速展现结果"的路径，思考的部分、探索的部分都省略了。然而即便是模仿，我们也应该让孩子得到用写作来进行探索和思考的机会。

正确的模仿路径

美国华盛顿儿童博物馆的墙上有句格言："我听见了就忘记了，我看见了就记住了,我做过了就理解了。"

在我看来,模仿应该是一种孩子亲自实践的过程。这里我将其总结为三步,分别是"观察——发现——模仿"。当然,我在其中又加了一个示范的步骤,和孩子一同创作,让孩子能够更加体会到创作的乐趣,因为老师把自己创作时的状态传递给了他们。这难道不也是一种模仿吗?

下面我以曾经带着二年级的小朋友创编故事的路径,向大家展示这个过程。当时所选的书目是诺贝尔文学奖得主吉卜林的《原来如此的故事》。说实话,在设计这本书的活动时,我自己都读得有点费劲,你完全无法预测作者会怎么解答那些稀奇古怪的问题,怎样阐述清楚其中的"逻辑",比如,鲸为什么长喉咙?骆驼为什么长驼峰?他不是一本科普书,而是一本幽默风趣的充满想象力的故事书。大人喜欢讲逻辑,后来我放下了逻辑,就随着作者天马行空,才算真地进入了书的真正"逻辑",那就是儿童的视角。

第一步:观察

比如在读普利什文的《孩子们与野鸭子》时,孩子们观察到,作者对动物和植物的描写,有的也是通过"观察——发现——质疑——解惑"这样一个过程。于是他们写作的时候,也可以学习这个结构。

在读《窗边的小豆豆》时,他们各自选一篇喜欢的去研究,然后发现其中的叙事线索等。比如研究黑柳彻子是怎么写在巴学园的一件件具体的事的,大家一起讨论,发现原来要把事写具体,就需要有人参与,要把人物的动作、神态、互动的过程写清楚。这比我直接告诉孩子,写的时候要有语言描写、动作描写要有用得多。

10岁以前,我不太强调和孩子们讲解文体知识、写作知识,即便我告诉他们什么是圆形结构,什么是倒叙、插叙,他们自然也可以理解,但是真正的运用,还得他们自己对这些叙事结构了然于心。但是当他们发现了什么,而发现的又恰好对应了相应的知识,这个时候,我像揭开谜底一样告诉他们,他们的"研究成果"是多么棒,他们自然会更有兴趣去尝试在写作中使用这些写作知识，毕竟那是他们自己发现的宝藏。

第二步：发现

当孩子们研究更多之后，他们发现，原来这就是文章里藏着的"结构密码"。作者每一篇文章都藏着这样的"秘密"呀。

当然，只知道这个大的结构，还不能支持孩子直接创作。孩子们还需要继续观察，有哪些相同的模式总是反复出现。

孩子们发现，几乎每篇文章都是由一个问题引发的。主人公一开始是一个样子，后来遇到了一些事情，发生了一些变化。它是怎样发生变化的，这个过程是最有意思的部分。

事实上孩子们已经发现了文本的内在结构。那么按照这个线索去模仿、去创作，便是自然而然的事了。

当然，在他们说出自己的一些发现之后，我会补充一些"文体知识"，如"对话"应该怎么写、场景的作用是什么，等等。但是说实话，我觉得这些知识对他们来说用处不大，还不如让他们自己去练习。

第三步：示范

为了鼓励孩子们创作，将作者的叙述结构迁移到自己的创作中，我在课堂上即兴给他们编了一下故事，算是一个示范，告诉他们，你的故事要怎样回答你的问题，你的主人公一开始是否具备后来的特征，它经历了什么，是怎样发生改变的。

在《原来如此的故事》的写作工作坊，我结合故事的结构，给孩子们当场口述示范了如何用作者构思的结构来编一个新的故事。

低年级的孩子依然是以故事和图像来理解事物，创作本身是一项很考验思维的活动，用文字抽象地呈现一个有些复杂的故事，还需要有一个恰当的"因果关系"，其实并不是那么简单的事。

因此，他们不仅要模仿结构，还要模仿其中的"因果关系"。而我要示范的，便是我如何使用作者的"结构"，作者的"因果关系"。

兔子的尾巴为什么那么短

很久很久以前，小白兔不叫小白兔，它有一个听上去不那么乖的名字——豁小齿。因为它的牙齿很尖，只要咬住什么东西，就能把那个东西扯得豁出一个大口子。

豁小齿不仅牙齿尖，嗓门还特别大。所以它没有朋友，因为大家不是嫌它嗓门大，跟它做朋友吵架总是吵不赢，就是害怕它急了，用它的尖牙齿把自己的某个部分咬得豁开一个口子。还有，那时候的豁小齿有一条特别漂亮的白色尾巴，雪白雪白的，好像神仙手里的拂尘一样。这也是它最骄傲的部位。

豁小齿很是孤独啊，它太需要朋友了。青草地里蹦来蹦去，无聊。围着大树转圈圈，也无聊。孤独的豁小齿来到了河边，它照了照河水，对着河水里的自己说："神啊，赐给我一个朋友吧。"这时候，一只长得绿不溜秋的、走路慢吞吞的东西从河里慢慢爬了过来。因为豁小齿从来没见过这种东西，它不知道它可不可以被称为伙计、伙伴。在豁小齿的世界里，没有动物这个称呼，因为动物这两个字是后来的人类发明的，很久很久以前，它们可不叫动物的。

豁小齿瞅了瞅这个小玩意儿，小玩意儿扭了扭它的脑袋，用比绿豆还小的眼睛使劲地朝它眨了眨，说："我是神派来给你当朋友的。"豁小齿高兴极了，它围着这个玩意儿团团转，它一边转，一边翘起它漂亮的拂尘一样的尾巴，说："你叫什么，天啊，我的朋友可是神派来的。我太兴奋了，我太激动了。"

可是啊，它们刚开始做朋友，就有不好的事情发生了。绿玩意儿喜欢慢悠悠的，豁小齿喜欢跑得快快的，并且还时不时地扬起它的尾巴。每一天，它的尾巴都会在绿玩意儿的头顶上扫来扫去。绿玩意儿说："你能不能不让你的尾巴扫我的脑袋，我都看不清路了。"豁小齿说："那不行，这样才能表达我的喜悦。"绿玩意儿说："我快不耐烦了，我不知道我会怎么样。"豁小齿说："没关系，随便你会怎么样。"它俩在河边吵起来了，可是绿玩意儿嗓门小，吵不过豁小齿，它越吵越生气，气得头顶上都有了一丝红色。豁小齿的嗓门更大了，吵得眼睛都变成了红色。

豁小齿的眼睛以前是白色的，白色的钻石一般亮晶晶的眼睛，现在变成了红色。绿玩意儿一气之下，咬着豁小齿的尾巴紧紧不放，豁小齿疼得使劲甩它的尾巴，谁知道越甩，绿玩意儿咬得反而越紧。不知道是不是神悄悄地帮助了绿玩意儿，豁小齿的尾巴就断了，只剩下一个很小很小的根部，像一团棉花。这可是豁小齿最爱的尾巴呀。气愤的豁小齿一口咬住绿玩意儿，越咬越使劲，把绿玩意儿背在背上硬邦邦滑溜溜的东西给咬得裂开了，可是自己的嘴巴也因为用力过度豁成了三瓣。它疼得呜呜叫，嘴巴变成三瓣以后，它发现自己的声音也变小了，小得自己都听不见。在声音越变越小的时候，它发出的最后一个声音是："乌——龟——"于是，过来围观的动物们，都以为，这个绿玩意儿叫乌龟。而豁小齿的后代们因为白白的一团团，蹦蹦跳跳很可爱，也从不发出讨厌的声音，就被称为小白兔了。

从此以后，豁小齿和绿玩意儿的后代们，似乎都有化解不了的仇恨，还被编成很多故事写进书里，比如"龟兔赛跑"。小朋友，你们看过这个故事吗？只是这一次，兔子似乎还是输了。唉。

第四步：模仿

听完我的故事后，孩子们笑得前仰后合，拍着手说，老师再来一个。我说，你们也可以，你们也试试吧。我想听你们编故事。于是便有了孩子们的作品。下面一篇不仅发表，还得了优秀奖呢。

鹅的羽毛为什么那么白

（杨清宸8岁口述 妈妈打写）

很久很久以前，鹅并不叫鹅，而叫"灰毛怪"。因为它的羽毛蓬乱，很像怪物，而且羽毛是灰色的，像极了乌云密布的天空。

有一天，灰毛怪出去散步，因为它长得不好看，所以没有一个朋友，很孤单。它在路上唱着歌,开开心心地找朋友。它翻过了两座山,渡过了两条河,穿过了一片森林,可是它还没有找到朋友,此时灰毛怪已经没有了信心,打算返回自己的住处。

可是,灰毛怪一回头,却发现了一处岔路口,它心里"咯噔"了一下:"完了,迷路了。"它来的时候竟然忘了做记号。"有人在吗?"灰毛怪大声喊。"你是谁啊?需要帮助吗?"远处隐隐约约地传来了狼的声音。灰毛怪激动不已,心想:"狼的方向感很强,我可以让狼把我带回家。"于是,它向狼发出声音的地方跑去。跑了一会儿,灰毛怪突然停住了脚步,猛然想起狼和自己是天敌,可是,灰毛怪离狼已经不远了,狼飞身跃起,扑向灰毛怪。灰毛怪吓了一跳,它浑身蓬乱的羽毛像针一样竖了起来,狼被扎得连连惨叫,像离弦的箭一样,撒腿就跑。但是由于狼刚刚在家里做了馒头,爪子里沾了一大堆面粉,撒了灰毛怪一身,灰毛怪的羽毛就变成了纯净的白色,灰毛怪就改名为"白毛怪"。

……

模仿是和创造相结合的。模仿需要提供的"范文"是高级的。即便是模仿,其中有许多的时间是让孩子自己去观察去探索去发现的。如果没有这个过程,也不会有这么生动有趣的作品了。

写作语感怎么练？古诗词来帮忙

语感究竟是什么？语感好的孩子，似乎也是天生敏感，具备语言天赋。语感完全是直觉的力量吗？如何培养这种"直觉性"呢？

孩子在做阅读理解时，经常会遇到类似的题目：

（1）感受某个字的精妙，说明使用某个字、词的理由。

（2）体会人物的性格、品质，说一说某句话起到了什么作用。

（3）请你体会一下作者想要表达的思想感情。

在语文课堂的学习中，有感情地朗读、体会句段含义，感受用词精妙等，也都是极其常见的教学目标，其背后需要动用的都是我们的"语言感知力"，也就是语感。在义务教育和高中的新课标中，"语感"分别出现了6次和14次。在整个汉语的习得中，可以说"语感"决定着一个人"文学审美"的天花板。

很多教育学家和语言学家也都对"语感"做过相应的解读。叶圣陶先生认为，语感是对于语言文字的敏锐的感觉，是对于语言文字正确丰富的了解力。夏丏尊先生认为，语感是对于文字应有的灵敏的感觉。吕叔湘先生认为，语感是个总的名称，包括语义感、语法感觉和语言感。万明华先生认为，语感是人们在长期的语言实践中培养起来的对语言文字的敏锐的审美感知能力……

对于语感的定义，远远不止如此，在各个研究领域一直是大家乐此不疲研究的议题之一。但总的来说，语感也是一种能力，是可以习得的，并且习得之后，会形成一种可靠的直觉，让我们快速把握文本的内核。

迁移到写作中，语感便是对使用文字的分寸感和节奏感的把握。我们读不同作家的文字，会感受到不同的语气、语调、叙述的节奏，那种文字内在的节奏，便是一个作家的语感。

那么，如何培养孩子的语感呢？

在生活的语境中，培养孩子对语言文字的敏锐度

在生活中，我们交流使用的是口语化的语言。但即便是口语化，也尽量应该培养孩子对字、词的敏感度。可能有的家长会觉得，这意思是让我们在生活中说话也要文绉绉的吗？我可做不到。但我说的并非是一定要文绉绉，而是尽量"准确""丰富"。

叶圣陶先生也说过："要求语感的敏锐，不能单从语言文字上揣摩，而要把生活经验联系到语言文字上去。"

孩子永远是在生活中大量地使用语言，和人交流，聆听他人，表达感受，语言时时刻刻在浸润着他们。

然而在工作坊中，我会观察到，有些孩子在口语化表达上，趋于单调。比如当他们的表达中需要使用动词时，他们会含糊地使用一个"弄"字，我早饭是我妈弄的，我把同桌弄哭了，他把我钢笔弄坏了……

在生活中，即便把这样的句子换成"早饭是我妈做的，我把同桌惹哭了，他把我钢笔摔坏了"也并不会显得文绉绉，只是让孩子的表达更加清晰、准确。孩子并非不能使用精准的词语，而是在过于口语化的环境中，弱化了对词语的选择，特别是在网络化的时代，孩子的交际语言呈现各种网络化的趋势。

我们可以在日常交流中注意这一点，从自己做起。在表达自己感受、想法，与人交际时，在我们和孩子的对话中，尽量使用准确的表达、优美的表达，这本身也是在培养孩子的语言敏锐力和审美感知力。

朗读是培养语感最直接有效的方法

我经常听到家长说，孩子默读时看不懂题目，让他读出来他就懂了。

在这个过程中，实际上是孩子把视觉文字转化成了有声的语言，而这个过程相当于同时为大脑解码打开了两个通道，一个是从眼到脑的通道，一个是从耳到脑的通道，相当于在大脑皮层留下了双重刺激的痕迹。所以说，朗读对培养语感和提升理解力本身就具备得天独厚的优势。

孩子进入学校学习，实际上就是从口语化到逐渐习得书面化表达的过程。这个过程实际上也是孩子习得书面语感的过程。而书面化的语感，靠的就是书面语言的反复刺激。俗话说："书读百遍，其义自见。""熟读唐诗三百首，不会写诗也会吟。"

朗读法自古有之，但绝不是"小和尚念经"式的朗读。宋代朱熹说："读诗之法，须扫荡胸次净尽，然后吟哦上下，讽咏从容，使人感发，方为有功。"叶圣陶先生倡导"美读"，"就是把作者的情感在读的时候传达出"，"激昂处还他个激昂，委婉处还他个委婉"，这都是在说朗读的时候，要调动起自己的所有感官，做到眼到、耳到、口到、心到，感受语言的情感和韵味。

在选择朗读材料的时候，我们可以按照孩子的年龄来选择适当的语料。比如幼儿园之前，可以诵读一些有趣的儿歌、童谣、童诗，和孩子玩一些"手指谣"等，我们选择的阅读材料一定要和孩子当下的生活、想象力有联系，这样孩子才能读出乐趣，有所感知。三岁之后可以诵读《笠翁对韵》《写给孩子的诗》《蝴蝶豌豆花》等，就像我们听一首朗朗上口的歌，听得多了，自然就会哼唱，孩子朗读得多了，语感就像一个个印在孩子脑袋中的音符，组合成了一些熟悉的旋律。等到孩子进入学龄，我给孩子准备了《日有所诵》《文言日诵》，每天也并没有花太多时间，早晨起来读一读，提神养脑，也就成了习惯。

事实上，在一些微小事情上的坚持，反而会成为孩子后续发展的加速器。

高级的语感来自长期的"涵泳玩索"

高级的语感只依靠朗读当然是远远不够的，还需要长期的"涵泳"。

"且涵泳玩索，久之当自有见。"这也是宋代朱熹的见解。

"涵泳玩索"，本质上就是"精读精思"。而这个过程，不再是靠感知的锐化，而是靠对语感进行内部的分析，包括调动自己的背景知识，进行综合思考、联想。可以说前面所讲的与阅读相关的一切，都在为语感添砖加瓦。

在长期的思维训练下，语感会逐渐内化为一种心理结构，从而潜移默化到写作中。比如有一段时间，孩子们在读冯骥才的《俗世奇人》，而冯骥才是用天津味儿的方言在描写人物。在我让孩子们写一篇关于自己生活中的"奇人"时，一些孩子的语气里也充满了"天津味儿"。这是一种不自觉的模仿，但也反映了孩子们对词汇的高度敏感。冯骥才写"眸子赛灯"，把"似"说成"赛"，孩子们也写"赛"，她"皮肤赛雪"。我觉得挺好，捕捉到了那个味儿。语感不就是找到自己的"味儿"么。

莫言说，我们的脑海里到底潜藏着多少语言的能量，我们自己不知道。只有在写作的过程中找到了语感，才能把潜在的语言能量，把我们储存的词汇调动起来。

处于写作学习期的孩子，实际上每一次练习，都是在进行一次语感的捕捉。写作中培养语感，我认为可以有两条路径：一条是"基于阅读的写作"，一条是自由写作。

基于阅读的写作，便是在"精读精思"的基础上，从作者处捕捉到一些可以为己所用的"功夫"，从而化用。所谓"如切如磋，如琢如磨"。比如读了《窗边的小豆豆》，就琢磨一下作者如何写校园生活，此类题材便可化用。读了《俗世奇人》便观察分析作者如何写人，内化作者的笔法、结构、语言、修辞，琢磨琢磨，化为己用。写得多了，语感自然就有了。

自由写作，无他，写自己想写的一切。语感离不开生活的土壤，因为写作需要语境，而孩子写作题材背后的语境就是生活本身，孩子需要在自由的表达中让自己的所思、所感、所见、所闻呈现出来，而呈现的过程，就是对语感的滋养。

写作中的语感，就是在写作中逐渐构建起来的。

学不会写作技巧怎么办？那就让它靠边站

美国作家巴利·雷恩说："写作不需要公式，而是看到无尽的可能。"对此，我深以为然。

时常有家长抱怨，说孩子的感受力很差，写作文没有细节，所谓的"五感法"也学了，就是写不出来，或者写出来也很生硬。

我忍不住想，现在的家长真的太依赖方法论了。"五感法"本身没有问题，写作确实需要调动我们的感官，它是对方法的总结，但是"调动所有的感官去感受"才是核心呀。

当我们说孩子的感受力很差，写作文没有细节的时候，反过来想一想，我们是否又给他们足够的时间和空间去锻炼他们的感受力了吗？光是塞给孩子一堆方法，却没有融会贯通这些方法的能力，方法也只是空谈。

在我看来，所有的"写作技巧"都是老师为了让学生学会写作而设计的"套路"，当我们说要"凤头""猪肚""豹尾"的时候，事实上是在教孩子合理安排结构，注意详略得当，拥有读者意识，保持文章的平衡性。

所以离开对文本本身底层逻辑的理解，光去谈技巧，未免本末倒置了。

当我们描述所见所闻时，必然要动用我们的多种感官，于是就有了所谓的"五感写作法"。是先有了写作的基本常识之后，才归纳总结出了这些方法。

我也会告诉孩子们，写作需要我们不同感官的参与，不仅仅是手中的笔和我们的大脑。但是孩子们的大脑，可以很快地理解五感是什么，什么是"五感写作法"，但在实际运用中，就变成了机械地"我看见……我听见……我闻到……"即便是初学者，我也希望孩子们先从身心的层面打开

"五感"的开关,再在写作中运用这些写作方法。那么孩子也会下笔如有神,文字从心里汩汩而出。

一些"技法",可能会断送孩子的思考力

有些老师或者机构,会总结出一些"写作公式",供孩子们套用。当我看到孩子们展出的作文从结构到句式都千篇一律时,我只觉得心有戚戚。这样的方式,真的能培养出一个会思考爱创作擅表达的孩子吗?

当然,这样的教学方式也是应需求而生,无论方法怎样,对长期发展是否有害,先让孩子成绩稳住再说。遗憾的是,无论是大人还是孩子,似乎很少能够看到过硬的写作能力所带来的巨大价值。

"技法"该不该教?当然该。但是技法应该是由内而外,而非由外而内。不是给孩子一个"公式"或者框架,让孩子填上内容。内在的技法,是从捕捉灵感开始,到学会构思,运用写作的基本原理,学习"永恒、普遍的形式",而不是他人总结的某个公式。我们的目标是让孩子逐渐精通写作这门手艺,而不是仅仅学会如何揣摩作文的得分套路。那么,在孩子完成人生的最后一篇应试作文后,他便再也不需要写作了。这也是为什么完成了高等教育的人群中,能够熟练使用写作这项技能的人寥寥无几。

写作是一门手艺,也是一门艺术,背后有其赖以形成的原理。就像孩子学习一门乐器,我们不可能说,孩子学会了一首首曲子的弹奏,就可以自然而然地成为一个演奏家甚至作曲家。他在学习一首首曲子的过程中,需要不断深入自己的理解、感受,不仅仅是手指的熟练和技法。写作也是一样,仅仅通过复制他人的"套路",并不能提升孩子的思维能力和创造能力。

与其硬教技巧,不如先知道孩子为什么不喜欢写作

回忆我自己走上文字之旅的过程,其实源于强大的表达欲和自驱力。因为想更好地表达,所以需要更多的阅读,于是形成了一个读写自循环。

而现在的小朋友,如果不是真的对写作有浓厚的兴趣,我很难想到他们到哪里得到爱上写作的理由。不喜欢写作的理由,我倒是能帮他们总结一二。

第一，作文作为考试必考题，虽然承担着考核学生综合能力的使命，但是没有一个孩子知道，世界上为什么要有作文这么一道玄而又玄的题。如果只是为了得分，那就需要知道得分点，所以市面上教技巧的机构那么多，本身并没有问题，他们解决的是家长和学生"成绩利益问题"。学生其实本质上没有那么热爱分数，如果家长不因为分数而急红了脸的话，至少小学阶段的孩子，对分数的概念只是家长的意志转移而已。既然不是自己的意志，又谈什么喜欢呢？不过是不得已而为之。

第二，作文缺少源头活水。现在的孩子生活在密密麻麻的课程里，补习班里，其实并没有什么机会"生活"，命题作文更是在让"巧妇去做无米之炊"。作为一个还算资深的写手，我也很难在无感、无事、无知的"三无"状态下，去写什么作文。

第三，写作文确实令人痛苦。它本身就不是一个轻松获取的技能，需要训练，也需要悟。所有的学习其实都有一个共同的路径，所谓"师傅领进门，修行在个人"，那就是老师教，只是学习，要想习得，必须得自己去实践。孔子三千门生，最后教出来的也不过72人。如果我们只用结果来衡量，而忽略了学习的过程，还有个体的悟性，那对孩子也好，对老师也好，其实都不公平。试想一件自己很难掌握结果的事情，仿佛玄学一般，又没有源头活水，过程又痛苦至极，这样的一件事，我们把它换成我们的工作，你愿意做吗？所以孩子们很不容易。

让孩子回归真实的写作，写作能力才能拾级而上

什么是真实的写作？

首先，真实的写作，需要自己命题。自己命题，自己才有相应的素材得以联结，得以发挥，得以转化出自己的所思所想。当然，有人会说，学生的阶段性任务，就是学习、考试。既然应试，就只能按照命题作文的要求去写。所以，我们的孩子才不得不削足适履，不得不像孙悟空那样套上

"紧箍咒"，去写符合应试规范的作文。

其次，真实的写作评价机制没有这么单一。这个在电影《银河补习班》里，有特别经典的"讽刺"。邓超儿子的作文，学校不同的领导进行评分，既有零分，也有满分。所谓"文无定法"，这个在我们的教育里是不存在的，作文一定有作文之法度，只不过这个法，这个度，我个人是非常不认可的。

我们的小作者们，他们的写作，客观地说，应该面对的是"读者"。所以每个来我这里的孩子，我都要强调，你们的写作，不是给我一个老师看的，也不是给家长看的。你们的作品是给"读者"看的，读者是任何人，并非一定要等到发表。只有当孩子有读者意识的时候，写作这件事才真实发生了。

最后，真实的写作是过程化的，而非只注重结果。从选定创作的题材、主题，到构思、草稿、修订、校对、发表，这需要完整的过程。而这个过程中，培养的是孩子们做一件事情的逻辑顺序，主动修改，主动探究的科学思维，然而这也是我们传统写作教学最忽略的地方。我们只看重结果，写作文被简化成了老师教——学生写——老师批改——学生查阅的流程，中间一对一的指导，哪些地方需要帮助，哪些方面比较薄弱，一概被整体教学所代替。所以，有人说，应试作文只是一道大的"填空题"，它并不负责培养孩子真实的写作能力。

中国台湾作家张大春的《文章自在》是我闲时就会翻翻的书，他说："我们今天教中学生写作文很难，那是因为他们在当小学生写作文的时候就给打坏了底子。我们从小教孩子作文，就只教他们应和题目。什么是题目呢？说穿了，就是说教；就是抢着、忙着、急着给答案。……当人们可以不写作文之后，甚至以为：文学不过是一种装饰，一种尽教人说假话的玩意儿。我们在学会那样写作文的同时，也失去了认真对许多不见得有用的事物产生好奇，并加以探索的能力。"

写作能力是一种深层能力和素养的培养，所以唯有"把孩子作为方法"，用长远的眼光来构建当下的"支持系统"，毕竟，儿童立足当下，却总归施展于未来。

孩子缺乏想象力？想象力并非与生俱来

曾经我也认为，想象力是独属于孩子天真的礼物。孩子于童真童趣中所生发的想象力才是最宝贵的。我们说孩子是天生的诗人，本质上也是在赞叹孩子想象力的美好。

然而在我带着孩子写作的过程中，却发现孩子们的想象力离奇地失踪了。孩子越大，想象力越贫乏。有的家长告诉我，孩子在上幼儿园的时候，每天都有许多奇思妙想，他觉得孩子想象力非常丰富，但是到了小学，一到写作文就无话可说。

我想这主要取决于孩子生活环境的改变。想象力的培养是需要土壤的，而玩本身就是发展想象力的最佳途径。幼儿园的孩子主要在玩耍中学习、在观察中学习，学习的课程也是赋予其创造力的。当孩子进入小学，就开始被繁重的课业裹挟，一切都是围绕"学习任务"时，想象力也就逐渐失去了生发的空间。当然这也和孩子的逻辑思维持续发展有关。

事实上想象力并天马行空，未经培养的想象力，也可能缺少逻辑毫无边界。意大利幼儿教育学家蒙台梭利认为，现实是想象的真正基础。他认为，培养儿童的想象力，幼儿阶段就需要使他们能够准确地感知周围事物所需的材料，并让他们在规定范围内进行推论，对他们进行区别不同事物的智力训练，这样才能为他们构建想象力打下坚实的基础。

从写作层面来说，想象力更是发挥着巨大的作用。想象力帮助我们扩充细节、帮助我们进行联想、帮助我们扩展文思的边界、帮助我们勾连出一个更加丰富多彩的世界。

每个人都有想象的潜能，关键是我们如何激发孩子的想象力，让想象力带着他们在创作的海洋里遨游。

想象力并非凭空而来，它建立在对事物的正确认知上

不得不再次提到爱因斯坦的名言：想象力比知识更重要。但是，没有知识，想象力很可能只是一堆毫无逻辑毫无美感的文字的错误组合。

先来看个例子：

描写"鸭宝宝回家"，有人这样写：

天黑了，鸭宝宝们就像一群金色的鱼，向大海深处跑去。

还有人这样写：

披着白斗篷的队长，领着它的队伍正向归途行进，渐渐地越游越近，一批穿着背上印满黑斑的浅褐制服的小兵，跟着它们的队长，开始登陆。

这两种描写，都运用了想象，很明显，前者让人一头雾水。为什么呢？把鸭子形容成金色的鱼，又奔向大海，是一个凭空捏造的景象，并不符合鸭宝宝们跟随妈妈回家的实际样子。

而第二个句子里，"鸭宝宝回家"的画面被描述得趣味横生，"白斗篷""队长""浅褐制服""登陆"等都是成功的想象。先是把鸭妈妈比喻成披着白斗篷的队长，将跟在后面的鸭宝宝比喻成小兵，那种井然有序温暖和谐的画面就在我们脑海中浮现了出来。

所以，在写作中运用想象力的第一个要领，就是：想象要有事实依据，不是凭空产生的。

除了事实依据，想象力还有第二个要领，要合乎情理，让人一看就懂。

什么是合乎情理呢？鸭宝宝像金鱼，除了都会游，他们并没有相似的地方，无论是外形还是属性，鸭子像鱼就像在说鸡像鸭一样，用来形容彼此就不合乎情理。

所以想象也要合乎情理。我们时常忽略这些常识，然而在我批改孩子作文的过程中，这种逻辑谬误比比皆是。

所以，写作的基础还是阅读。只有读得越多，背景知识越丰富，对万事万物的本质越了解，想象力才有依托，才有无限发挥的空间。

想象的背后，本质上是联想的能力

在我看来，写作就是一个又一个联想组合起来的过程。由一个事物联想到另一个事物，由一个场景联想到另一个场景，由一个情节联想到另一个情节，由一个观点联想到一件事，等等。

为了让孩子们了解，到底什么是联想，我一般会先示范我在头脑中是如何进行联想的。

比如，我现在闭上眼睛，在头脑中想象出一个红色的三角形。这个三角形会是什么呢？我脑海中浮现出了甜美多汁的西瓜。

然后，我从这块西瓜，想到了一个场景：暑假，窗外是炎热的夏天，我在家里吹着空调吃西瓜。

从这个场景呢，我又想到，我可能正在看最喜欢的一部动画片，还很可能跟好朋友在一起看。

想到这位好朋友，就想起我们一起去公园踢球的事。对了，上次去踢球的时候，我看见公园里的郁金香开了，好漂亮。夏天的时候，公园里还会有荷花盛开，我最喜欢在那个湖边玩水了……

哎呀，一不小心，从一个红色三角形，我能想到玩水这件事，这就是联想。联想在写作中就像一个GPS导航，它将我们带到写作的目的地。

关于联想，不仅仅是线性的，还有许多联想的方式。

1.因果联想

因果联想就是根据因果原因进行联想。什么样的原因，会产生什么样的结果。

比如，植树节，我在花盆里小心翼翼地种下了非洲菊种子。每天我都给它浇水，让它晒太阳。没过几天，它就破土而出，长出了绿绿的嫩芽。非洲菊长得真快，现在才刚过一个星期，它就变成一个挺拔健康的"少年"了。我想，到了秋天，它一定会绽放出金黄色的花朵，一根根细细的半透明的花瓣，会像伞一样自动收拢，又像撑伞似的张开在阳光下。

这段关于非洲菊的描写，从植物发芽，联想到它秋天开花的样子，甚至联想到了花瓣的颜色、姿态。这就是因果联想。

用这种方法，我们可以从原因联想到结果，或者从事件中一个印象最深刻的片段、细节，联想到整个事件的原因、发展和结果。

在写作中，我们不是仅仅着眼于眼前的一个点，想象就是让我们的思维具有更好的延展性。

2.类比联想

类比就是我们会在写作的时候由一种事物想到另一些事物，从而想到他们之间的相同或者不同，以突出我们想要描写的主题。

许地山的《落花生》中有这样一句："很多它的果实深埋在地里，不像桃子、石榴、苹果那样，把鲜红的果实高高挂在枝头……"

作者由埋到地下的花生联想到挂在枝头上的桃子、石榴、苹果。这些都是由相对或相反的事物而产生的联想。

再比如：

俗话说，"黄山归来不看岳"，黄山风景同时具备泰山的雄伟、华山的险峻、庐山的飞瀑、九华山的烟云，等等。

写黄山，自然会从黄山联想到泰山、华山、庐山、九华山，等等。

以上两个例子，就是联想中的类比法。由事或物的某一特征写起，按照人，事或物之间的相似或者相对，去进行由"此"到"彼"的联想。

3.辐射联想

什么叫辐射呢？我们可以想象一下，手电筒的光线，从中心向各个方向沿着直线伸展出去。

也就是说，从一个点，我们可以想到多个事物。

比如，我们由"绿芽"可以想到什么：泥土、绿色、新希望、大树、春天、生命、开始、柔嫩、成长、园丁、自然、光合作用、生机、昆虫、呵护……

我经常会和孩子们玩这种"勾连"的思维游戏。而辐射联想，不仅仅帮助我们扩宽事物之间的联系，也会让我们发现更多的写作思路。

比如有句话说："一粥一饭，当思来之不易；半丝半缕，恒念物力维艰。"

我们从食物和衣服，就能想到它们来之不易的过程。看到一个事物，能联想到它背后的过程、情感或者意义。而这种深入的联想，往往就帮我们寻找了表达的主题，把我们的文章变得更有深度。

再比如，王昌龄的《出塞》。

"秦时明月汉时关，万里长征人未还。"

诗人先利用联想把明月和关隘送回到秦汉，然后通过"人未还"使人联想到战争给人带来的灾难，表达了悲愤的情感。

接着"但使龙城飞将在，不教胡马度阴山"。

诗人再一次借助联想，把希望寄托于有才能的将军。

王昌龄正是用了几个联想，使得全诗场面辽阔，表现了其爱国精神和豪迈的英雄气概，成为千古名篇。

我们在写作中，想要具备联想力是不难的。但想用好，却没那么容易。写作的灵感不是虚无缥缈的，而是转瞬即逝的。联想，就是想象力的抓手，也是灵感的抓手。

借助修辞，让想象力起飞

孩子们都懂得修辞的概念，但并不懂得修辞的精髓。他们能轻易分辨作者是运用了比喻还是拟人，是对偶还是排比。当然，修辞原本就是语言学中一门非常深厚的学问，短浅几句也很难说明其中奥义。但是，我觉得在孩子学习表达的阶段，修辞背后的思维才是我们应该让孩子掌握的。

而锻炼修辞思维本身，就是最好的培养想象力的过程。

举个浅显的例子。在绘本《我妈妈》里，安东尼·布朗写道：

我妈妈是个手艺特好的大厨师，也是一个很会杂耍的特技演员。

她不但是个神奇的画家，还是全世界最强壮的女人！

我妈妈像蝴蝶一样美丽，

还像沙发一样舒适。

她像猫咪一样温柔，

有时候也像犀牛一样强悍。

"我妈妈"被想象成各种各样的形象，生动又具体地展现孩子眼中不同时刻、不同场景的妈妈。

那么我们就可以和孩子玩一玩联想的游戏。你觉得妈妈像什么呢？一、二年级的孩子会根据自己妈妈的形象进行联想。有的说，我妈妈像长颈鹿一样骄傲、像狮子一样凶猛……

这个过程，孩子不是在写一个正确的比喻句，而是在大脑中进行搜索妈妈的特征，并通过搜索"脑库"中具备相似特征的事物来进行配对。当然，修辞并不是一个配对的过程，这一点我们要心知肚明。

即便换成拟人也是如此。

以朱自清的《春》为例。作者连续用了好几个拟人，用人的外貌把春天的姿态刻画出来，非常传神。

春天，像刚落地的娃娃，从头到脚都是新的，它生长着。春天，像小姑娘，花枝招展的，笑着，走着。春天，像健壮的青年，有铁一般的胳膊和腰、脚，它领着我们上前去。

这个背后的思考逻辑是什么？我们可以试着推论一下，作者是如何联想的。首先，春天有一个最突出的特点，就是"新"，新年，新气象，万物复苏，等等。那作者就联想到了"刚落地的娃娃"。其次，春天让一切慢慢地生机勃勃起来，草长莺飞，百花齐放，就像娃娃慢慢长成小姑娘。最后，"一年之计在于春"，所以春天还是个"领导人"，而且是个健壮的青年领导人，领着我们向前去。

这就是作者思考的逻辑，联想的逻辑。拟人只是表面上的手法而已，孩子们需要锻炼的，其实是背后使用这些修辞手法的思考方式。

怎样锻炼孩子的修辞能力呢？

在生活中多玩联想的游戏。

比如用九宫格或者思维导图，让孩子自己选择一个词语，去进行放射性的联想，然后将这些词语组织成一段文字或者一个故事。

比如让孩子经常仿写。

我曾让孩子们仿写阿多尼斯的一首诗。仿写的时候，就要观察诗人句子的结构，修辞的逻辑是什么，事物间是怎么建立联系的。仿写的逻辑我在前面已经讲过，这里不再赘述。

从写作到创作,不要忽视自由写作的力量

在写作工作坊中,如果说遇到的最大的困难是什么,那便是我总是需要想方设法地去"瓦解"孩子们对写作的认识,确切地说,应该是对"作文"的认识。

大概是因为当孩子进入小学,就开始进入了写作训练。从日记,到仿写,从命题作文到一次次的考试作文。他们不喜欢作文,只是需要写作文,他们头脑中的第一反应便是搜寻老师的"教条",怎样写可以顺利完成老师布置的任务,并且拿到好成绩,得到老师的表扬。老师是唯一的读者、评判者,是一切要求的制订者。他们不仅享受不到写作的乐趣,很多时候更是充满了抵触。

孩子不喜欢像提线木偶一样,总是去重复表演乏味的剧本。他们内心的故事火花被无情地浇灭了,不敢想象,不敢创造,束手束脚,只剩下满脑子的得分点和条条框框。

然而写作本质不是这样的。写作是一座桥梁,是我们和自己丰富的内心沟通的桥梁,是我们展现自己丰富的想象力的桥梁,是我们向世界发表我们宣言的桥梁。我们需要写作,不仅仅是因为需要"写作文"。

海德格尔说:"称职的教师要求学生去学的东西首先就是学本身,而非旁的什么东西。"但如果孩子连学的意愿都没有,那么他们便不会在这件事情上主动付诸任何主动的探索、有价值的努力,又谈什么"美丽的果实"呢?

可能家长就会问了,你说得都对,但我们怎么做呢?学校作文摆在那里,孩子必须得写。其他的创作,我们不会引导,孩子也不可能主动去创

作。这就是美好愿望和现实的差距。

其实，让孩子爱上写作并不难，前提就是"还给孩子使用语言的主动权"。

孩子具有天生的"故事力"，给孩子自由创作的勇气

每个人都是由故事组成的，即便在睡梦中，梦境里也发生着故事。只是我们大多数时候没有去讲述。我始终认为，写作的第一步不是技巧、不是起承转合、不是修辞手法，而是讲故事的能力。

故事承载着想象。在《我是一支爱写作的铅笔》中，山姆·斯沃普老师始终在带着孩子们创作故事。他的身份是一个童书作家，没有太大名气，持续的没有任何收获的创作让他心灰意冷。这时他受到邀请要去教一群来自世界各地、肤色不同、种族不同的三年级孩子写作。

他总是能够想到许多有趣的写作计划。三年级的盒子计划，四年级的海盗计划，五年级的树计划。他呵护着孩子们的心灵，希望他们在他层层递进设计的活动中，找到自己心灵的故事。在读这本书的时候，我时常能感受到学习创作故事这个过程的愉悦。

事实上在创写故事的过程中，他依然教会了他们许多文体知识、写作技巧，当然，只是在恰当的时候，或者孩子需要的时候。然而，作为一个童书作家，教创意写作，是有承载他的教学方式的语境的。我们的孩子，我们的老师，包括作为创新学习者的我，似乎都被什么裹挟着。但我仍然笃定，故事力对每个人来说都是无比重要的。

为了唤醒孩子们内在的故事力，我在网上购买了一套"故事骰子"。这是一款可以丰富孩子想象力的桌游，可以打开孩子们被限制的"语言开关"。

我给每个孩子分发了一枚骰子，骰子的六个面上分别有相关的形象元素，有的是外星人、有的是帐篷、有的是月亮，等等。

我在桌子中间放上一个沙漏，每个人有一分钟的时间根据自己骰子上的元素编一分钟的故事,沙漏漏完,故事戛然而止,另外一个同学就要用自己骰子上的元素将故事接续下去。

这个玩法让孩子们很激动,无论他们是一年级还是六年级。在沙漏的限制中,每个人都在努力制造转折和高潮,为了让下一位同学不那么好接招,想象力满天飞。即便最不会讲故事的孩子,在这样的氛围下,头脑中的故事力也开始复苏,蠢蠢欲动。很多时候,故事是流淌出来的,"从一只鸟到另一只鸟"。

讲故事,原本就是人类与生俱来的能力,否则我们祖先的智慧也不会顺利地流传下来。甚至有一种写作观点是,所有的写作本质上都是讲故事。即便是说明文、议论文,也需要故事来作为论据,只是不同的写作体裁需要不同类型的故事罢了,有时候是真实的故事,有时候是我们想象的故事。

让孩子尽情地享受"语言倾泻而出"的快乐,享受自己的天马行空,享受漏洞百出也被接纳的安全,他们很难不爱上讲故事这么有意思的事。当他们有故事要讲,他们便需要写作这个手段,这个承载故事的方式,这便是写作。

一切不需要那么复杂。

说起来容易,写起来难怎么办?"十分钟速写"的魔力

有的孩子说起故事来滔滔不绝,但是真要落笔时,如临大敌。为什么呢?因为当开始真正落笔的时候,大脑会受到审查机制的干扰。不仅仅是孩子,可能一个相对成熟的写作者,比如我,在要写自己觉得很重要的东西时,也会产生无从下笔的感觉。其实不写作的人,可能永远不会知道,写作背后所要承受的艰难和痛苦。

美国读写教师潘妮·齐特在教高中生写作时,经常使用"十分钟速写"的方式,她通过这种方式来帮助学生释放内心的声音。

速写的时候没有好坏的概念,学生只需要放开思想的缰绳,自由地、天马行空地写。而她给学生的要求只有三个：

第一，从头写到尾。这十分钟，不需要考虑构思、寓意、修辞，就是拿起笔一句话接着一句话地写，哪怕跑题，哪怕驴唇不对马嘴，写就是了。她经常对学生说的话就是："写你所想。"

第二，不受自己脑子里"审查机制"的影响。即便写着写着觉得自己写得糟糕透了也不要停下来，忽略感觉带来的影响。因为她发现很多写作者没有动笔就写不下去了。"而速写能够帮助学生实现手脑同步，速度快了，脑子里的'审查机制'自然就停止了。"

第三，放松、娱乐、游戏。她认为，写作者只有在游戏的状态下才能找到令自己舒服的声音，而学生在学校的许多作文，都是假装权威，用自己不熟悉的语气语调去写自己不感兴趣的话题，导致写出来的作文呆板、蹩脚。

如果不是一位真正的写作者，其实很难看见写作背后深层的运作机制，这位老师真的句句说到了我的心坎儿里，甚至编辑出身的我，即便写了二十年文字，也依然会被头脑中的"审查机制"所绊倒。

后来我在上课的时候，让班上几位特别不爱写作的男孩，用十分钟去写早上出门时看到的、感受到的、想到的一切。

但是对于他们来说，十分钟显然太短暂了，因为前面几分钟，他们依然不敢下笔，让时间一分一秒过去。我只能耐心等待，无论结果是什么。

最终，每个人都交上来至少三百字的速写。因为写得太不规整，他们不同意我放进书里。但，速写不就是不评价、不制约、解放写作的天性吗？

自由写作，让孩子探索更多的写作话题

自由写作让孩子回归真实的写作，激发孩子的创作潜能。

我很少指点女儿的自由创作。倒是跟着读写工作坊的孩子一起完成的写作任务，我才能趁着"老师"的身份，稍微指点一下。

初学写作的孩子，内心其实都非常脆弱，如果我"编辑"附身，像曾经修改作者的文稿一样去把他们的作文批改得乱七八糟，他们会觉得自己非常无能。而写作，原本就是一个要不断犯错、不断练习直到流畅、熟练的过程。

女儿从二年级开始，就开始自己写连载玩。二年级的小姑娘，喜欢仙子、魔法，于是她每天在条纹纸上写一页，她兴致勃勃地给我看，我就努力做个"粉丝头子"，每天催更。这个时候，能够坚持写就是最好的礼物了。

到了三年级，书读得更多了，阅读更丰富了，她就看不上自己之前写的仙子们了。看了古清平的"汤小团系列"，她也想写个穿越故事。主角当然是她自己和喜欢的朋友，而故事线的主人公她选择了喜欢的李白。

要写这个穿越故事可就不容易了，虽然是穿越的，但也要符合事实。于是我给她找到关于李白的纪录片，每看一集纪录片，她就根据纪录片的真实内容进行杜撰。我心想，写得怎么样不重要，但这个通过写作进行学习的过程，简直太可贵了。至少，对于李白，不仅仅是课本里的一位诗人，一个考试时出现的名字，而且是自己穿越过去，实实在在链接过的人。李白的经历，不用刻意记忆，在写作中已经深度处理过了。这不就是最好的"项目式""自主式"学习吗？

当然，这种方式，我很难用在工作坊，因为孩子们有大量的标准化任务，而这需要"自由"和"主动"，分享在这里，也仅供参考。

但是平时的自由写作，倒不需要这样。

我们可以给孩子准备一个"写作素材本"，甚至可以和孩子一起为这个本子取一个好听的名字。孩子每天都可以用十分钟时间在素材本上进行记录，帮助孩子关注生活中微末的事物、情绪、观点，等等，这样在写作的时候，孩子就有一个丰富的"素材百宝箱"。

一个写作者，没有积累素材的意识是行不通的。即便是熟练的写作者也需要常常积累，不然也会被生活磨平，失去对周遭的敏感，在写作的时候可能也会发现自己头脑空空。

女儿喜欢写手帐，所以她的素材记录常常是文图结合，非常有趣。孩子们都喜欢写写画画，我在"六一"儿童节也给每个孩子送了一套手帐，但是是否使用了呢，不得而知。

写作者教写作，总是站在真实的写作者的困境中。但是写作中很多核心的东西，恰恰不是靠教得来的，而是靠学、靠实践、靠犯错来获取的。

女儿的这些写作尝试，目前都没有结果，但是这个过程，让她从不惧怕写作，且流畅而从容，因为我只希望写作可以真的陪伴她一辈子。

第六章

做孩子的读写教练,
为未来保驾护航

创设读写环境，做一个有协助能力的大人

英国儿童文学教育专家艾登·钱伯斯在《打造儿童阅读环境》一书中，提出了著名的"阅读循环圈"，即每次阅读我们都要经历一个由"选书——阅读——回应"组成的阅读循环，而能够驱动这个循环圈良性循环的核心要素便是"一个有协助能力的大人"。他说，一个从不阅读或者缺乏阅读经验的大人，是难以为孩子提供协助的。

在跟踪和观察了无数来到工作坊的家庭后，我更能体会到家庭所能提供的"协助能力"的重要性。所谓有协助能力，并非要求家长要把自己打造成"读写专家"，而是提供适宜的读写环境，就像园丁一样，园丁需要给植物提供健康有机的土壤，了解植物的属性，需要科学地灌溉、适时地修剪、耐心地等待开花结果，既要具备科学养育的系统知识，又要有自然而然的心态。培养孩子成为一个读者和作者，所要给孩子提供的各项环境指标一样不可或缺。意大利著名教育学家，瑞吉欧教育法的创始人洛利斯·马拉古奇就曾说过：环境是孩子学习成长的第三个老师。

孩子读写路上的绊脚石

在每年服务的五十多个家庭中，能够给孩子提供优质"读写环境"的家庭并不多，其背后是三种常见的认知误区。

一是将语文学科的学习完全应试化，而忽略了读写能力的习得。比如，大量背诵、刷题，但是却缺少以自我动机出发的阅读和思考，缺少日常阅读习惯的养成和文学素养的浸润，结果面对"双减"和"新课标"下越来越灵活的测试，能力也逐渐稀薄。

二是毫无回应的阅读。家庭中的成人都不具备阅读习惯，也就无法给孩子提供任何阅读回应和正面影响，渐渐地孩子对阅读也是一种随意的可有可无的态度。在工作坊基本上是按照两周一本书的阅读频率，但是依然有许多孩子会抱怨，我没有时间阅读。即便每天只阅读十分钟，一周阅读五天，一本二百页的书也是可以读完的。只能说当我们把所有琐碎的事情都排在阅读前面的时候，阅读当然是没有价值的，那么又如何期待孩子成为真正的读者呢。

三是将读写过程过度任务化。为了让孩子们在读写任务中有自我探索意识，我会根据每本书的内容设计相应的策略单或者任务单，尽量以有趣、有料但又贴合背后所需要的能力发展，但无论是什么形式，当家长每次以"你的阅读作业写了吗"这样的口吻去提醒或者要求孩子，这项需要花费很多时间进进出出文本、细致感受人物、梳理整本书结构的"书面游戏"，就只能沦为和无趣的作业一样的任务。于是那些带着"到书籍中探索游玩"的心态的孩子，毫不吝啬时间的流逝，总是能更加认真地完成读写研究，而有一部分孩子则"叫苦连天"，以"难"为矛，以"不会"为盾，连说一说人物是好人还是坏人，理由是什么这样的问题，都会以自己的矛戳自己的盾。事实上，阅读和写作都是在过程中习得的，都是不断跋涉、尝试、推翻、琢磨的一个螺旋形过程。

那么，脱离了这三个误区，只能说在陪伴孩子的路上，我们少一些不恰当的阻碍，不成为孩子成长路上的绊脚石，原谅我这么说，因为缺少了解孩子是如何学习阅读和写作这类背景知识，导致用错误的方法引导孩子的家长比比皆是。家长是孩子成长学习之路的指挥官，但如果只是道听途说、人云亦云地指挥孩子，倒不如"无为而治"的好。我曾眼睁睁地看着一些孩子在阅读之路上被家长野蛮、无知地截断爱好、动机，最后投入到机械地刷题大军中，而家长却不在乎，孩子的眼睛里正在失去光泽。

语言学习背后的必要条件

在《如何设计阅读教学工作坊》中，提到坎伯恩在《整个故事》中描述的语言学习的条件，可以说是"听、说、读、写"所有形式的语言学习背后，都需要这些条件的支持，这些条件包括：

沉浸：孩子需要沉浸在他们所要阅读和写作的文本中。

示范：孩子需要我们反复向其示范我们所希望他们做的事，尽管他们只会选择自我过滤之后的视角和行动，并将其组织并整合进他们的读写知识。

参与：如果孩子没有参与进来，那么所有的示范以及为语言沉浸提供的条件都会变得毫无意义。只有让孩子看到活动的可操作性和意义所在，他们才会赞同示范并参与进来。

期望：我们用各种微妙的方式向孩子传达我们的信心——相信他们有能力参与读写活动并掌握各种学习策略。我们帮助孩子相信他们自己的努力会获得认可。

责任：针对一个学习任务，孩子需要自己决定如何学习以及学习哪些方面。

应用：孩子需要时间应用和练习读写知识，满足自己的学习目的和需要。

尝试：孩子一定要有足够的自由进行尝试，并允许他们犯错。

反馈：孩子能够从我们这里获得温和的反馈很重要，这些反馈可以支持他们持续参与。

以上这些条件，在推动孩子成为更好的阅读者和写作者中，我认为缺一不可。任何形式的学习，其主体都是孩子。一个孩子不听、不看、不想、不说、不写、不参与，游离在学习之外，所有的故事、词语、道理、言语他都充耳不闻、过而不入，那么再栩栩如生的课堂，对这个"局外人"来说，也没有任何价值。

所以，一个有协助能力的大人，永远要记住，我们的最终目标是帮助孩子成为一个积极的终身阅读者和写作者。无论外界如何熙熙攘攘、变幻莫测，这个目标就像定海神针一样定在我们心里，那么我们便不容易动摇，我们所能给到孩子的支持便不会变形。

四层助力，做有协助能力的大人

在我看来，一个具备优秀协助能力的大人，至少需要为孩子提供四个层面的支持。

第一个层面是资源的创设。阅读的第一步必然是先拥有书籍。书籍是最容易获得的学习资源，本质上似乎无需多说，但遗憾的是，许多孩子在成为读者的路上遇到的第一个拦路虎便是总被要求去阅读自己没有兴趣的书，如学校的必读书目、各种专家的推荐、父母的跟风等，但其实想让孩子爱上阅读必然是从他感兴趣的书籍开始。在所有卓有成效的阅读课中，老师做的第一件事，也是想方设法激发孩子的阅读兴趣。以兴趣为切入点，从而逐渐丰富书籍的类型、领域、主题，而不是总把一堆我们认为的好书塞给孩子。

我们要给孩子提供的资源还有时间和场所。没有时间，什么也干不成，阅读需要时间，需要沉浸其中，如果想要获得心流，我认为没有一个小时以上的阅读时间就无法成立。给孩子提供沉浸的时间，他才能从容地与书中的情节、人物互动，进行联结、推测、提问、想象这些我们看不见却十分必要的思维活动，甚至面对阅读中的挑战和困境，也都需要时间的成全。

而关于阅读的场所，事实上我小时候是没有自己的书房的，但是一旦我对某本书感兴趣，任何能让我一个人安静待着的地方都会是最佳阅读场所，甚至可能是厕所。我们现在会给孩子布置专门的阅读区，让阅读变得有仪式感，但在我家里，是没有单独的书房的，几乎每间卧室都有书架，都陈列着丰富的书籍，这样当孩子想要看书的时候，她都唾手可得。我只需要保证，在她专注看书的时候，我不会去打扰她。有时候看到一本书，令她灵感乍现，她也会非常随意地写点什么，大部分时候她不会给我看，因为不喜欢被我这个专业人士评价。在我看来让阅读和写作成为像呼吸一样自然的事情，是家庭能够给孩子提供的最好的读写环境。在安全的环境中，孩子才愿意主动去做，当孩子亲自去做，去尝试、去犯错，其他一切就皆有可能了。

第二个层面是读写氛围的打造。老实说我创建读写工作坊的初衷，只是想为女儿提供一个多元讨论的场所，让一群小读者形成读写共同体，互相促进，彼此敞开心扉地交流，毕竟很多时候，我们大人和孩子交流的时候，难免带着我们已有经验的傲慢和偏狭。我想通过组织读书会的形式，帮助孩子过一种有质量的读写生活。在读书会活动中，每个孩子都以读者的身份分享自己的所思所感，从心底真正收获阅读的喜悦，体会一群读者在一起所迸发思考的火花时的激动，对未知情节的预测的准确度越来越高的自信，为找到一个书中作者埋下的伏笔欣喜和雀跃，从书的主题中悟到与自己经历相关的道理从而确定了自己面对某类问题的选择，这些只有真正的读者们聚集在一起才能产生的高能量的互动，比做一百道阅读理解题更能提升孩子的深度理解力。

阅读本身是具有社交属性的。帮孩子找到一个优秀的读写组织，定期参加活动，就是对孩子读者身份最有力的加持。有了这份加持，他会为了能深度参与讨论而阅读，会为了分享更多的看法而阅读，会为了承担相应的阅读角色而阅读。

如果没有相应的读书会组织，那么最简单的方法就是父母把自己变成孩子的阅读伙伴，成立一个家庭读书会组织，每周可以选择一个时间，就一本书进行相应的分享和讨论。形式可以灵活，最重要的是发自内心的分享。

第三个层面是读写动机的助力。一切都始于"为什么"。"我为什么要阅读，为什么要写作，为什么要做那么多事？意义何在？"在读写学习中进步缓慢的孩子，大部分是缺少学习动机的孩子，因此他们也不会主动去承担一个阅读者和写作者应该承担的责任。但是我想说的是，每个孩子在牙牙学语之时，都是对这个世界充满好奇和冒险精神的，他们不会因为没有一次性地学会喊妈妈就再也不去尝试，没有因为摔倒过就再也不学走路。那么，为什么长大后的他们会失去学习读写的动机呢，明明这可以让他们更好地探索世界。

我们可以把在读写世界之外徘徊的孩子请进来，不带任何评判，像对学步期的孩子一样，为他们迈出的每一个颤颤巍巍的充满勇气的步伐而鼓掌。当他们读了五分钟的书就放下时，我们鼓励他们开始读书了，下一次他就会坚持久一点。当他们开始和我们聊书中的情节和人物时，无论他们说什么，我们可以表扬他们开始关注书中的细节了，这是一个阅读的好习惯，当他们终于读完一本书，我们甚至可以为他庆祝这一本书的阅读旅程。写作也是一样。只要我们一直关注孩子的"努力程度"，让他积极地进入读者和作者的身份中去，就是一直在为孩子的读写动机助力。直到他自己明白，阅读和写作究竟是为什么。

第四个层面是帮孩子构建读写生活。工作坊有个孩子告诉我，他们班上有个同学在写小说，并且小说在全年级传阅，写得特别好，后来却被老师收走了。我替这个孩子惋惜，真正的写作者都知道，写作是通过不断尝试构建起来的能力，这个孩子有勇气尝试去写小说并且得到了正反馈——被传阅、受欢迎，但是却被老师没收，这对孩子来说，已经是对创作的否定。并非只有作文是值得写的，我们阅读文学作品，就是在阅读不同的生活，而孩子书写自己的想象和生活，本身是多么具有价值的一件事啊。只要孩子没有在课堂上写作，没有占用课堂时间，那么怎么使用他的课余时间进行创作，都是他的权利和自由。

帮孩子构建读写生活，帮助他们越来越趋向于一个真正的阅读者和写作者，不过是在生活的点点滴滴中，帮助他们去热爱阅读和写作。

比如鼓励孩子们在碎片时间和无聊时间中阅读。之前有个家长给我发来孩子在学校运动会时看书的照片。运动会上没有项目的孩子其实很无聊，而他们学会了在这样的时间带上一本书。

比如孩子们会在阅读的时候手里拿支笔，进行批注和思考，逛文具店时会选择便利贴和书签之类的与阅读相关的文具。

比如会通过写信的方式和朋友进行交流。这些生活中的微小的行为，都在彰显着孩子们将读写融入了生活。

总而言之，给孩子提供丰富的图书，给孩子足够的阅读时间，带孩子体验丰富的读写活动，将读写技能打造成为孩子的社交货币，让孩子过一种丰富的读写生活，越是能够将读写融进生活，孩子越容易自然而然地成为优秀的读者和作者。

而所有的读写之旅，都会汇聚成一个"能量球"，成为孩子身上闪闪发光的品质。能量球中，包括读写前的准备和好奇、读写中的甜蜜和痛苦、读写后的回味和琢磨，也包括勇气两克，谦卑两克，毅力两克，以及像科学家一样探索奥秘的不败之心。

屏幕时代，这样培养孩子的读写兴趣

有家长向我反馈，自从有了电子产品，孩子就很难沉浸在书页中了。放学回家的第一件事就是玩手机，一听到信息声就去查看手机，为了玩手机开始和大人斗智斗勇，上厕所的时间越来越长……

看着家长焦灼的模样，老实说我也给不出什么立竿见影的建议，因为这背后可能是整个家庭生活方式的影响。大人是不是一回家就玩手机呢？家人之间是否有足够的沟通时间呢？大人是否为孩子立过界限呢？当电子产品进入孩子的世界时，我们是否权衡过利弊呢？

没错，现在的孩子是信息社会的"原住民"，从出生起他们就开始接触电子设备，两三岁的孩子甚至可以熟练地在平板上操作，完全无师自通。但这并不代表孩子和屏幕之间可以毫无界限。冰冻三尺绝非一日之寒，为了能够减轻育儿的负担，我们可能也曾把孩子直接交给电子产品，而不是把他抱在怀里讲一本绘本。我们可能也以工作之名，手机不离手，当孩子和我们说话的时候，可能一只手还在划拉屏幕。

在一次阅读课上，我们学习联结的阅读策略，当时阅读的是《草原上的小木屋》，劳拉一家经常在草原上聊天、弹吉他、烤土豆，和邻居们一起分享食物和快乐。我问孩子们，你们的爸爸妈妈在家是怎样的？八个孩子，七个都说劳拉的爸爸给她弹吉他，我的爸爸是玩手机，甚至模仿了家长看手机时的样子。只有一个孩子很骄傲地说，我爸爸妈妈有很多书，他们一回家就把手机锁进抽屉，陪我一块儿看书。两种截然不同的家庭氛围，哪一种更容易培养出爱阅读的孩子，结果可想而知。

当然，电子产品不是洪水猛兽，甚至是我们工作和生活的伙伴，重要的是我们是否学会了为自己拥有的电子设备负责？学会了为自己的时间负责？学会了在使用智能手机和平板电脑的时候，面对铺天而来的信息保持警惕，不被裹挟其中失去判断？对于和电子产品的关系，以及如何科学健康地使用，和孩子一样，我们其实都是学生。那么，不妨和孩子成为互相监督的同伴，一起树立科学使用屏幕的规则，可能是最好不过的方法。

在屏幕和书籍之间，先坚定地选择后者

相信大家都听过，现在是注意力经济时代，各种电子商业平台为了留住用户，使用大数据推荐，我们总是不停地被自己感兴趣的东西吸引，就像被粘在黏蝇纸上的苍蝇一样。有研究表明，我们关注的东西和注意力分配的方式在很大程度上影响着我们的思维方式。而我们的孩子，处于认知高速发展的过程中，从出生到青春期，他们都需要学习如何用更持久、更专注的方式运用注意力。

孩子学习阅读的过程，也是一个学习运用注意力的过程。他需要专注于当下的文本中，去留意故事发展的方向，去关注人物行为之后的动机，去思考故事的主题，在这个过程中，他的注意力令他的大脑不断处理着高阶的任务，而不是懒洋洋地从一个视频到下一个视频，大脑喜欢挑战，而挑战带来更好的心流体验，从而也让大脑形成了一个记忆——阅读是一件让我更有成就感的快乐的事。

而数字媒介的特点是高速度、即时性、高水平刺激、多任务处理以及大量信息的涌入，与阅读一本书的耗时耗力相比，它最大的特点是碎片化、易满足，但却让人丧失深度思考的机会。比如在数字媒体上，我们只是大量地接受推送，而不去有意识地获取知识，也不会去归纳分析、批判思考以及去培养我们的想象力和反思力。

但互联网并不会，它给我们提供便利的时候，也会牺牲掉一些我们原本可贵的认知技能。我们学习阅读也好，写作也好，本质上都是为了学习其背后的思维技能、认知技能，而不仅仅是获得知识。在孩子还没有成为一个可以成熟地运用注意力的读者之前,我对让孩子拥有自己的电子设备依然持保留意见。

拥抱屏幕时代的读写素养

我是在女儿五年级下学期的时候给她买的手机。我评估了她这个阶段几个方面的能力,第一是已经养成了坚实的阅读习惯,手机不会轻易抢夺她阅读时的注意力。第二是女儿有许多丰富的爱好,在每件事上都能投入专注力,手机的加入也不会令她上瘾。孩子对电子产品上瘾大概率是真正感兴趣的事情太少了。第三是女儿的很多同学都有手机,手机可以帮助她建立社交,对于即将进入青春期的孩子,和朋友的链接很重要。第四是手机也可以培养她的责任感,当拥有了自己的贵重物品,如何对它负起责任。当然,还有最核心的一层好处,便是利用数字工具进行创作。

自从拥有了自己的手机后,女儿就变得很喜欢拍照,将自己看到的微小有趣的事物都记录下来,配上文字发在自己的朋友圈。我常揶揄说,摄像头让她拥有了一双发现细微之美的眼睛。为了获得更多的"赞",她的创作欲望可谓层出不穷。后来在我的允许下,她开通了小红书,她把自己改编的《大鱼海棠》的歌词发在上面,获得了几千个"小眼睛"(代表观看数),还有许多成年人对她提出善意的意见,比如某些韵脚没压好,她也都虚心接受。

让孩子进入网络媒介,本质上是一件带有冒险性质的事,但也不能因噎废食,毕竟网络已经是每个人生活的一部分,重要的是我们如何善用网络媒介,去链接美、分享美、发现美,去用媒介丰富自己的生活。

在信息时代,媒体素养也是非常重要的软实力,它关系着一个人认识、评判和运用传媒的态度与能力。在面对一件传播事件、面对各种信息,我们是否有选择能力、理解能力、质疑能力和评估能力,是否可以批判性地进行反应和思考,这些都是一个人媒介素养的体现,而我们的孩子,如果要健康地生活在网络世界里,这些能力也是不可或缺。

不难看出的是，这些能力和读写教育所培养的孩子的核心能力也是不谋而合，只是把这些能力的使用场景迁移到了媒介中。当孩子具备了优秀的读写素养，其实在媒体环境中，他也会表现得更加出色。

善用电子设备来学习读写策略

用电子设备进行教学在国外是比较普遍的教学场景，但是是否支持将电子设备带进讲堂在国内还存在比较大的争议。这个层面，我在工作坊中暂时还没有尝试过，但是教会孩子正确使用电子设备来有效学习，本身就是一件价值巨大的事。

如果我们要教会孩子筛选关键信息，那么就不仅仅是书面文字中的关键信息，还可能是对方语言中的，所观看视频中的，它本身就是一种理解的底层逻辑，可以用在任何需要加深理解的场景中。

国外的老师会教孩子将筛选重要信息的策略运用到数字媒体中。比如老师会播放一段新闻，在播放时设计好停顿节点，让孩子们在停顿的间隙讨论。会引导孩子们思考，新闻中哪些信息最重要，还会和孩子们一起利用数字工具制作要点图，然后搜集孩子们对新闻的看法，进行比较和分析。这个过程，本身也是教授理解策略的过程，只是载体由文字变成了视频。那么当孩子自己使用电子设备时，观看视频时，便会逐渐形成筛选关键信息并分析评判的意识。

同样，数字工具也可以用来教授推断。比如老师会从《纽约时报》的官网中寻找图片，让孩子们使用数字工具对图片进行批注，这就锻炼到孩子们的观察能力和解读图片的能力。在讨论后，孩子们将自己的观点展示出来，作业的形式可能是将自己的见解在互联网上形成一篇帖子。

这些贴合真实生活场景的策略教授，是值得我们学习和借鉴的，毕竟学习就是为了能在生活中灵活运用。而如果我们的孩子在使用电子产品时，能够有更加明确的目标，能够有辨别信息的能力，能够对信息进行准确的处理和分析，我想，我们和孩子都会更自由。

做孩子的读写教练，必须牢记的"四大心法"

我一直坚定地认为，在孩子学习读写的过程中，需要的是教练，而非老师。阅读和写作都是需要长期循环进行学习的技能，从而实现螺旋型成长。所以，家庭才是孩子学习读写的第一场所，也是最重要的场所，甚至很多研究者认为，家庭读写力具有代际传承性，父母的读写能力与孩子的读写能力息息相关。

但是如何在家庭里协助孩子进行读写练习，培养孩子的读写能力对于家长来说却是一个老大难，要么觉得自己不擅长，不具备系统的教学知识，于是完全放手顺其自然，要么完全依赖于教育机构，但是在我看来，许多教育机构才是扼杀孩子读写能力的摇篮。

语言的习得过程，无非四个字：听、说、读、写。相信我们每个人对这四个字都不陌生。但是如何听、如何说、如何读、如何写，可以说是贯穿每个人一生的学习主题。孩子的读写发展期，本质上也是孩子的语言发展期，这个阶段除了学校，孩子接触最多的人便是父母，听到的语言、说的话都带着父母家人的影子，所以言传身教本身也是语言习得的一部分。

除此之外，如果我们还能发挥教练的效能，那么，便能帮助孩子释放最大的读写潜能。

教练是什么样的？想象一下教练最核心的作用是什么？不是滔滔不绝地讲授知识，而是在学习者学习的过程中，气馁时有策略的激励，迷茫时有方向的指点，胜利时有欲望的推动，就这样一步一步挖掘出学习者的潜力，直到阶段性的成功。

做孩子的读写教练也是如此。并不需要我们具备多么系统完备的读写知识，只需要我们懂得如何更好地激发孩子的潜能。

关注目标而非问题，学会为孩子赋能

曾经有一段时间，我特别乐于去回答家长们形形色色的问题。后来我发现，家长们的问题实在太多了，有的在我的经验范围内，有的确实我也没有解决之道。有的问题确实值得关注，但有的问题，折射的只是家长自己内心的焦虑。

孩子在小学的成绩，事实并不能完全代表孩子的能力，但是家长的问题却大部分来自于成绩。字总是写不对，写文章没有文采，读了书感觉没什么用，就爱看没营养的书……这都是我经常听到的对孩子的"诅咒"。是的，我称之为诅咒，里面充满了对孩子的担忧和不信任。

如果我们的目标是帮助孩子成长，那么我们或许可以相信孩子，并把我们的信任传达给孩子，在他不再写错某个字的时候，夸奖他终于征服了这个字；在他使用了一个新鲜的比喻句的时候，赞扬他越来越有文采了；在他聚精会神地看书的时候，赞扬他的专注力越来越好了，或许可以挑战更有难度的书。

帮助孩子成长，就是帮助他达成无数的目标，直到抵达卓越，而不是不停地去解决问题，当我们眼里只有问题，我们既看不见孩子，也会迷失自己。

事实上聚焦目标和聚焦问题是两种截然不同的思维方式。聚焦目标的人遇到问题时，不会一根筋地去解决问题，或者视问题为麻烦，而是绕过去，因为要实现的是未来的目标。聚焦问题的人就像手里拿着锤子，满世界地寻找钉子。作为孩子的赋能者，我们更应该聚焦长期目标，而有些问题，让你绕过去，你会发现，原来那些根本不是问题。

积极有效的倾听，是成为教练式父母的基石

大部分家长无法引导孩子，本质上不在于知识的多寡，而在于缺少有效倾听的能力。我们在阅读课上教孩子学习倾听，但是在家庭里，孩子却鲜少被父母有效倾听。

在《窗边的小豆豆》中，巴学园小林校长第一次见到小豆豆，就安安静静地、认真地用四个小时，倾听了"话痨"小豆豆的心里话，用尊重、平等的态度，取得了孩子的信任和喜爱。

当时我记得一群三年级的小朋友起哄说，不可能，一定是黑柳彻子编的，太夸张了。他们不相信一个大人有时间听一个小孩子讲四个小时的话，特别是还是事务缠身的校长。

这只能说明，我们太少真正倾听孩子了。换来的结果是，我们会觉得孩子越来越不听话，其实，我们又何尝真正听过他们讲话。如果我们希望在给予孩子一些指导或者意见时，孩子可以平和地接受，那么前提也是我们先有倾听孩子的能力。

当孩子不愿意读一本书，作为教练父母，我们是因为这本书是必读书目而强制孩子每天读一点读下去，还是和孩子沟通一下不愿意读的原因，即便沟通之后孩子还是不愿意读，但是我们至少了解了孩子的真实意图。那么当我们给孩子提供一些意见的时候，孩子才有可能配合。

当孩子不愿意动笔写作时，无论我们如何催促，只要他们没有启动思考的大脑，那么一切都不成立。这时候，教练要去挖掘不愿意动笔背后的"真实意图"，引导着孩子说出自己的真实想法。或许是动笔让自己感到有压力，或许是担心自己写出来的不合格，或许是头脑一片空白毫无思路。那么对症下药，给出具体的建议便会事半功倍。

积极有效的倾听并不难，无非是放下成年人的角色，通过孩子的视角去感受孩子的感受，再把我们真实的感受反馈给孩子，提出有力的、能激发孩子思考的问题。

帮孩子成为自己生命的专家

在工作坊，有一个特别令我惋惜的女孩。二年级刚来的时候，她大大的眼睛里仿佛嵌入了钻石，闪闪发光，到五年级下学期，她的成绩扶摇直上，但是眼神也暗淡了下去。她在学校作文成绩不错，据说老师总是给优，但是在我看来却总是不尽如人意。原因是她的文章里，没有孩童鲜活的经历，没有自我，只有迎合式的工整。后来工作坊许多孩子都在杂志社发表了文章，她的文章却一直没有得到编辑的赏识，我也是知道其中的原因的。越是如此，我越是不再指导她的文章，我知道她不缺写作的技术，缺的只是去绽放内心最真实的东西。

我不能说，这个孩子正在被剥夺成为一个独特个人的机会，不能说她正在被学习彻底地"工具化"，也不能说她的服从会让她更加迷恋权威，但是，当我告诉她，你可以多尝试写写内心深处的东西时，她眼中的迷茫让我心里很难受。

作为父母想让孩子成功没有错，但是阻断孩子的一切生命体验，阻断他们真正实现成长的道路，孤注一掷地把目标设定在获得世俗意义的成功，可能并不能让孩子获取生命的意义感。而生命的意义感所迸发的创造力才是巨大和无穷的。"每个人都是自己生命的专家。"在读写发展中，最重要的部分也是在这个过程中构建出一个独立的、完整的个体。如果读完一本书，只是想着这本书的重点是什么，考点是什么，那么便永远不会让一本书真正的价值进入自己的生命，去影响自己更为长远的人生。

作为一个读写教练，最重要的使命便是帮助孩子成为自己生命的专家，而我们要做的，便是允许他们做自己，用自己的方式去学习、去探索，允许他们犯错，不把他们束缚在成绩、规则等成人世界的方框里，直到他们引领自己的生命找到意义所在，并开始熠熠生辉。

和孩子形成"伙伴契约"，共塑读写之旅

觉察是改变的开始，改变是成长的足迹。对于还处于读写发展中的孩子，没有反馈，便没有进步。

和孩子成为读写伙伴，更有利于我们发挥教练的势能。

当我们在阅读中向孩子示范自己是如何通过文字，与作者对话，与自己对话，与世界对话，那么我们便能指导孩子去进行这一切。

当我们因为每一部优秀著作背后的灵魂而感动，当我们向孩子展示我们对事件的态度、人物的看法是因为见过够多"群星闪耀"的人类之光，孩子自然会在这个伙伴的影响下，自然而然地拥有自己看待人生、看待世界的角度。

我时常感谢我的孩子，因为她的影响，我读了许多曾经没有读过的儿童文学，思考了许多曾经不曾碰触过的问题，养育一个小孩，成了我的"二次发育"。

在与孩子共同的阅读和写作中，我们彼此不断思考、行动、记录、交流、创造。这正是通过阅读塑造和改变一个人的有效方式，也是建构孩子未来人生的重要起点。我们互相反馈、互为镜像、互相轻推，一起随着生命的河流前进。这份伙伴契约其实是看不见的，但是需要我们真正将读写融入我们的生活。

我们成为了彼此读写之路上的伙伴，共同书写了许多人生的主题。父亲遽然离世，我每晚失眠，在朋友圈写下许多仅自己可见的只言片语，女儿也写了一篇《外公的绣球谢了》，来怀念我的爸爸。死亡在我们心里留下不一样的东西，我们一起用文字记录和完成了对死亡的认识。

我一直思考，为什么每本书都有不同的主题，后来发现，因为人生都是由不同阶段的许多主题构成的。所以，我们阅读，由此阅读生命，我们记录，由此来抵达生命。而每一段主题，都有孩子参与，是多大的幸运。